लोकप्रिय कहानियां

स्नेह, त्याग, बलिदान, ममता और प्रेम की पावन कहानियों का अनुपम संग्रह

शरत्चन्द्र चट्टोपाध्याय

दुर्लभ ई साहित्य कार्नर

दुर्लभ ई. साहित्य कार्नर

लेखक परिचय

शरत्चन्द्र चट्टोपाध्याय का जन्म 15 सितम्बर 1876 को हुगली जिले के अन्तर्गत देवानंदपुर गांव में हुआ था। शरत्चन्द्र चट्टोपाध्याय बांग्ला के प्रसिद्ध उपन्यासकार थे। वे अपने माता पिता की नौ संतानों में एक थे। अठारह साल की उम्र में उन्होंने बारहवीं उर्तीण करके नौकरी की तलाश में बर्मा गए और वहां क्लर्क की नौकरी की। बर्मा से कलकत्ता वापस लौटने के बाद उन्होंने गंभीरता के साथ लेखन कार्य प्रारंभ कर दिया। शरत्चन्द्र चट्टोपाध्याय एकमात्र ऐसे भारतीय कथाकार हैं, जिनकी ज्यादातर कालजयी कृतियों पर फ़िल्में बनीं तथा अनेकों धारावाहिक सीरियल भी बने। शरत्चन्द्र यथार्थवाद को लेकर अपनी रचनाओं के माध्यम से सामाज़िक रूढ़ियों पर भी गहरा प्रहार किया। उनकी प्रतिभा उपन्यासों के साथ-साथ कहानियों में भी समान रूप से देखने को मिलता है। उनकी रचनाएं मध्यमवर्गीय समाज का आईना है। शरत्चन्द्र की लेखनी में प्रेम व स्त्री-पुरुष संबंधों का सशक्त चित्रण किया गया है। इनकी कहानियों में ऐसा महसूस होता है-जैसे यह हमारे जीवन का ही एक हिस्सा है।

कथाशिल्पी शरत्चन्द्र चट्टोपाध्याय ने गांधी जी के कथन **"पाप से घृणा करो पापी से नहीं"** को अपने साहित्य में उतारा। उन्होंने पतिता, कुलटा, दबी-कुचली और प्रताड़ित नारी की पीड़ा को अपनी रचनाओं के माध्यम से स्वर दिया।

शरत्चन्द्र साहित्य नारी उत्थान-पतन की करुण कथाओं से ओतप्रोत है। शरत्चन्द्र साहित्य पीड़ित-प्रताड़ित नारी की वेदना,

पतिता और कुलटा की कथा, स्नेह, त्याग, बलिदान ममता और प्रेम की पावन-कथा का अनुपम संग्रह है। उनकी कहानियों में नारी के नीचतम और महानतम रूपों का अनूठा समन्वय है। जब शरत्चन्द्र की लेखनी नारी के अधोपतन की कथा कहते-कहते उसी नारी के विराट और उज्ज्वल चरित्र को उद्घाटित करती हैं, तो पाठक दंग रह जाता है कि आखिर एक ही स्त्री के दो रूप कैसे? शरत्चन्द्र अपनी रचनाओं में नारी मन की भेद और गुत्थियों को जिस बारीकी से खोलते हैं, वैसी झलक विश्व-साहित्य में अन्यत्र कहीं देखने को नहीं मिलती।

शरत्चन्द्र ने अनेकों उपन्यास लिखे जिनमें *पंडित मोशाय*, *परिणीता*, *श्रीकांत*, *चरित्रहीन*, *पथ के दावेदार*, *गृहदाह*, *शेष प्रश्न*, *दत्ता*, *देवदास*, *बाम्हन की लड़की*, *विप्रदास*, *देना पावना* आदि प्रमुख हैं। शरत् बाबू के उपन्यासों की कई भारतीय भाषाओं में अनुवाद हुए हैं। ऐसा कहा जाता है कि उनके पुरुष पात्रों से उनकी नायिकाएं अधिक सशक्त हैं। शरत्चन्द्र के हृदय में नारियों के प्रति अपार सम्मान था। वे नारी हृदय के सच्चे पारखी थे। उनके उपन्यासों में नारी जिस प्रकार परंपरागत बंधनों से छटपटाती दृष्टिगोचर होती है, जिस प्रकार पुरुष और स्त्री के संबंधों को एक नए आधार पर स्थापित करने के लिए पक्ष प्रस्तुत किया गया है, उसी से शरत् बाबू को लोकप्रियता मिली। उनकी रचना हृदय को बहुत अधिक स्पर्श करती है। शरत्चन्द्र चट्टोपाध्याय को यह गौरव हासिल है कि उनकी रचनाएं हिन्दी सहित सभी भारतीय भाषाओं में बड़े चाव से पढ़ी जाती हैं।

इस महान कथाशिल्पी का निधन 16 जनवरी 1938 को पार्क नर्सिंग होम, कोलकाता में हो गया।

अभागिनी का स्वर्ग

धान के व्यापार से संपन्न बने ठाकुरदास मुखर्जी की वृद्धा भार्या सात दिनों तक ज्वरग्रस्त रहने के बाद स्वर्ग सिधार गई। मुखर्जी महाशय का भरा-पूरा परिवार था। उनके चार लड़कों और तीन लड़कियों के भी बाल-बच्चे थे। मुखर्जी की पत्नी की मृत्यु पर उनके परिवारजनों के अतिरिक्त इष्ट-मित्रों, बंधु-बांधवों और अड़ोसी-पड़ोसियों के जमावड़े से शोक ने उत्सव समारोह का रूप ले लिया था। धूमधाम से निकाली जाने वाली अरथी को देखने के लिए गांव-भर के लोग घर के बाहर आ जुड़े। रोती हुई लड़कियों ने मां के दोनों पैरों के तलवों में गाढ़ा महावर तथा माथे और सिर पर सिंदूर लगाया। बहुओं ने बड़े आदर से बुढ़िया के शरीर पर चंदन लगाया और फिर बहुमूल्य रेशमी वस्त्रों से शव को ढक दिया गया।

सभी स्त्रियों ने श्रद्धापूर्वक वृद्धा को प्रणाम किया और उसकी चरण-धूलि को सिर-माथे चढ़ाया। पुष्प, गंध, धूप, दीप, इत्र आदि देते समय ऐसा लगा, मानो किसी नव-विवाहिता को मायके से आनंद-उल्लास के साथ ससुराल भेजा जा रहा हो। वृद्ध मुखर्जी अपनी जीवनसंगिनी को अंतिम विदा देते समय अपने आंसुओं पर नियंत्रण नहीं रख सके, लेकिन फिर भी, अपनी गीली आंखों को पोंछकर शोकमग्न पुत्रियों, बहुओं तथा परिवार की अन्य स्त्रियों को सांत्वना देने लगे।

'हरिबोल' का तुमुल नाद करता हुआ सारा गांव अरथी के साथ श्मशान को चल दिया। इस भीड़ से हटकर अपनी कुटिया की बगिया में बैंगन तोड़ती कंगाली की मां भी ऐसी शानदार शवयात्रा से इतनी अधिक प्रभावित हुई कि सारे काम-धंधे को भूलकर अपनी आंखें पोंछती हुई अरथी के पीछे-पीछे चल पड़ी।

गांव के बाहर गरुड़ नदी के तट पर श्मशान है। वहां पहले से ही लकड़ी, घी, चंदन, धूप, दीप, मधु और राल आदि सारा सामान पहुंचा दिया गया था। दूले नामक छोटी जाति की स्त्री होने के कारण कंगाली की मां के लिए श्मशान भूमि में जाना निषिद्ध था। अतः वह दूर किसी ऊंचे टीले पर खड़ी होकर अंत्येष्टि क्रिया देखने लगी।

शानदार ढंग से सजी-धजी चिता पर शव को रखा गया। वृद्धा के पैरों में महावर को देखकर कंगाली की मां निहाल हो उठी। उसका बस चलता तो उसके पैरों के तलवों में लगे महावर को अपने माथे पर लगाकर अपना जीवन धन्य कर लेती। लोगों के कंठों से निकलती 'हरिबोल' की ध्वनि और ब्राह्मणों द्वारा मंत्रोच्चारण की ध्वनि के साथ जब वृद्धा के पुत्रों ने उसे मुखाग्नि दी, तो कंगाली भी द्रवित होकर अश्रुवर्षा करने लगी और भगवान से प्रार्थना करने लगी कि उसे भी यथासमय कंगाली से मुखाग्नि पाना सुलभ हो। वह मुखर्जी महिला के भाग्य को सराहती हुई बोली, 'इसमें रत्ती-भर भी संदेह नहीं है कि तुम सीधी स्वर्ग को जा रही हो। पुत्र के हाथ से दाह-संस्कार का होना कोई साधारण बात नहीं, अपितु सौभाग्य का सूचक है, फिर पति, पुत्र, पुत्री, पौत्र-पौत्री, नाती-नातिन तथा दास-दासियों आदि की उपस्थिति में विदाई तो विरले भाग्य वालों को ही मिलती है। यह सौभाग्य कितना अधिक महत्वपूर्ण है, इसका अनुमान लगाना संभव नहीं है।'

चिता में जलती लकड़ियों के नीले-काले आकार के धुएं को आकाश में उड़ते देखकर कंगाली की मां यह कल्पना करने लगी कि इस पुण्यात्मा महिला को ले जाने के लिए स्वर्ग से विमान पृथ्वी पर उतर रहा है। विमान खूब सजा हुआ है, चारों ओर फहराती ध्वजाएं उसकी विचित्रता एवं दिव्यता का उद्घोष कर रही हैं। विमान के भीतर दिव्य पुरुष बैठा है, जिसका दीप्त चेहरा अपरिचित-सा लगता है, किंतु वेशभूषा और सजावट से वह दिव्य पुरुष प्रतीत होता है।

इस विचार के आते ही वह महिला इतनी अधिक द्रवित हो उठी कि उमड़ते आंसुओं के प्रवाह को रोक न सकी। उसे ढूंढ़ता हुआ उसके पास आ खड़ा हुआ उसका चौदह-पंद्रह साल का बेटा कंगाली उसकी धोती के पल्लू को खींचता हुआ बोला, 'तू यहां खड़ी क्या कर रही है?

और किसलिए आंसू बहा रही है? क्या तुझे मेरी भूख की कोई चिंता नहीं, चल घर, चलकर रोटी बना।'

लड़के की आवाज सुनकर महिला बोली, 'बेटे, चलती हूं, खाना भी बनाऊंगी। पहले यह तो देख कि यह ब्राह्मणी विमान पर सवार होकर स्वर्ग को जा रही है?'

लड़का आश्चर्य से इधर-उधर देखता हुआ बोला, 'कहां है विमान?' मां द्वारा अंगुली से धुएं की ओर संकेत किए जाने पर लड़का बोला, 'मां तुम तो पागल हो गई हो, जो धुएं में मनमानी कल्पना कर रही हो। मुझे समझ नहीं आता कि तुम क्यों आंसू बहा रही हो? आश्चर्य है कि अपना काम-धंधा छोड़कर बेकार में यहां खड़ी हो। मुझे कब तक भूखा मारोगी? पता नहीं, कब खाना बनाओगी?'

सचेत हुई कंगाली की मां इस प्रकार श्मशान में अपने आने और निरर्थक आंसू बहाने पर लज्जित हो उठी। पुत्र के अकल्याण की कल्पना से भयभीत होकर वह तत्काल आंसू पोंछकर बोली, 'मैं क्यों रोऊंगी? यह तो आंखों में धुआं लग जाने से आंसू निकल आए थे।'

'मां, यह बहानेबाजी छोड़। धुआं नहीं लगा था, तू तो 'टप-टप' आंसू बहा रही थी।'

मां सत्य को कब तक छिपाती-झुठलाती। लड़के का हाथ पकड़कर घाट पर आ गई। खुद भी नहाई, लड़के को भी नहलाया और फिर यह सोचती हुई लौट आई कि शायद दाह-संस्कार को पूरी तरह से देखना उसके भाग्य में नहीं लिखा था।

❑❑

मां-बाप द्वारा अपनी संतान को अनुपयुक्त नाम दिए जाने पर विधाता मुस्कराता ही नहीं है, अपितु विरोध का स्वर भी मुखर करता है, इसीलिए व्यक्ति जीवन-भर गुण-विरोधी नाम के लिए जन-साधारण के उपहास का पात्र बनता है। शुक्र है कि कंगाली की मां को इस प्रकार से किसी के उपहास का पात्र नहीं बनना पड़ा है। उसे जन्म देते ही उसकी मां चल बसी, तो क्रुद्ध हुए बाप ने उसे अभागिनी नाम दे दिया।

इस अभागिनी का बाप नदी से मछलियां पकड़कर अपना निर्वाह करता था। इसके लिए उसे दिन-रात जुटा रहना पड़ता। किसी तरह

पलकर बड़ी होकर अभागिनी ब्याही गई और कंगाली की मां बन गई। इस अभागिनी के पति का नाम था—रसिक बाध, जो कुछ समय बाद इसे छोड़कर अपनी पहली पत्नी के पास दूसरे गांव चला गया। अभागिनी को अपना और अपने बच्चे का पेट पालने के लिए इसी गांव में मेहनत-मजदूरी का सहारा लेना पड़ा।

अब अभागिनी का इकलौता बेटा कंगाली पंद्रह साल का हो गया है। वह अपनी आजीविका कमाने के लिए बेत का काम सीख रहा है। अभागिनी आशा करने लगी है कि साल-भर में लड़के के अपने काम में निपुण हो जाने पर उसके बुरे दिन टल जाएंगे। उसकी दरिद्रता और दुख की विषमता को केवल प्रत्यक्षदर्शी ही जानते-समझते हैं।

तालाब से स्नान करके लौटे कंगाली ने हंड़िया को थाली से ढका हुआ देखा, तो मां से पूछा, 'क्यों, क्या तुम्हें नहीं खाना है मां?'

'बेटे, देर हो जाने के कारण भूख जाती रही है।'

विश्वास न करते हुए भी बालक ने हंड़िया देखने का हठ किया।

अभागिनी इसी बहाने से बेटे को कई दिनों से टालती आ रही थी, किंतु आज पोल खुल गई। हांड़ी में एक व्यक्ति के खाने जितना भात था। वह मां की गोदी में आ बैठा। इतनी बड़ी आयु के लड़के प्रायः मां की गोदी में नहीं बैठते, किंतु रुग्ण रहने के कारण कंगाली अपना कोई संगी-साथी नहीं बना सका था, अतः वह प्रायः मां की गोदी से चिपका रहता था। आज भी उसने अभ्यावश वही किया।

मां के गले में अपना एक हाथ डालकर उसके गाल से अपना गाल सटाते हुए वह बोला, 'मां, तुम्हें तो ताप है, इस स्थिति में गरमी में खड़ी होकर जलते मुरदे को देखना कहां की समझदारी है?'

बेटे के मुंह पर हाथ रखती हुई अभागिनी बोली, 'बेटे, सती महारानी के विमान पर सवार होकर स्वर्ग जाने को मुरदा जलना नहीं कहते। इससे पाप लगता है।'

'बार-बार तुम यही कहे जा रही हो। यहां से कोई मुरदा विमान पर सवार होकर नहीं जाता। सब कुछ यहीं राख हो जाता है।'

'बेटे, मैंने ब्राह्मण महारानी को अपनी आंखों से विमान में बैठे देखा है। उसके लाल पैरों को मेरे साथ और भी बहुतों ने देखा है।'

'क्या कहती हो, औरों ने भी देखा है।'

'हां, बहुतों ने देखा है।'

मां की छाती से लगा कंगाली सोच में पड़ गया कि क्या उसके कथन पर विश्वास करे अथवा नहीं? अब तक तो वह उसके प्रत्येक कथन पर विश्वास करता आया है, ऐसा वह अपना अभ्यास बना चुका है। जब वह कहती है कि केवल अकेली उसने ही नहीं, अपितु बहुतों ने यह सब देखा है तो सच ही होगा। थोड़ी देर में वह बोला, 'मां, तब तो एक दिन तुम भी स्वर्ग को जाओगी? उस दिन राखाल की बुआ से लक्ष्मी की मां कह रही थी, दूलों में सतीत्व का आदर्श तो कंगाली की मां है।'

अभागिनी के चुप रहने पर कंगाली बोला, 'मां, बापू के तुझे छोड़ देने पर कितने लोगों ने तुझसे विवाह का प्रस्ताव रखा, प्रलोभन दिए, किंतु तूने किसी की नहीं सुनी। सबसे यही कहा—कंगाली बड़ा हो जाएगा, तो मेरे सारे दुख-कष्ट मिट जाएंगे। अच्छा मां, यदि तू विवाह कर लेती तो मेरा क्या होता? मैं तो भूखा-प्यासा मर जाता।'

मां ने बेटे को अपनी छाती से चिपका लिया। वस्तुतः उसे उस दिन ऐसी सलाह देने वालों की ही नहीं, अपितु दबाव डालने वालों की भी कमी नहीं थी। कुछ तो धमकाने-डराने से भी बाज नहीं आए। उस दिन को याद करके वह रो पड़ी। मां के आंसू पोंछते हुए कंगाली बोला, 'बिछौना लगा दूं, क्या नींद लेना चाहेगी?'

मां की चुप्पी पर कंगाली ने चटाई बिछाकर बिस्तर लगा दिया, छोटा तकिया भी साथ रख दिया। इसके बाद वह मां के हाथ को पकड़कर उसे बिस्तर पर सुलाने लगा, तो मां बोली, 'बेटे, आज तुम मेरे पास ही बैठे रहो, तुम्हें काम पर नहीं जाना है।'

काम पर न जाने के मां के सुझाव से कंगाली प्रसन्न हो उठा, फिर वह बोला, 'मां, यदि काम पर न गया, तो जलपान के लिए दो पैसे भी नहीं मिलेंगे।'

'न मिलें, आ मेरे पास। मैं तुझे कहानी सुनाती हूं।' अधिक विवाद किए बिना कंगाली मां की छाती से लग गया और बोला, 'हां मां, राजकुमार, कोतवाल, घोड़ा और पक्षिराज वाली कहानी सुना।'

अभागिनी कई बार सुना चुकी कहानी फिर से सुनाने लगी, किंतु बीच में ही वह उस घिसी-पिटी कहानी को छोड़कर दूसरों से सुनी कहानी सुनाने लगी।

बुखार तेजी से बढ़ने के साथ वह नई-नई कहानियां सुनाने लगी। इधर कंगाली भय, विस्मय और आशंका से घबराकर मां की छाती से और अधिक दृढ़ता से चिपक गया।

दिन डूबने के कारण संध्या का अंधकार बढ़ने लगा, किंतु घर में दीपक जलाने की सुधि किसी को नहीं थी। अंधेरे में मां की छाती से चिपका कंगाली मां के दिल की बढ़ती धड़कन को सुन रहा था। वह ब्राह्मणी की श्मशान-यात्रा और स्वर्गारोहण की चर्चा को दोहराए जा रही थी। शोक-विह्वल परिवारजनों का उस सती की चरण-धूलि को लेकर उसे विदा देने का वर्णन बड़ा ही मार्मिक था। 'हरिबोल' की व्यापक ध्वनि के साथ वृद्धा की अरथी का उठना भी अभागिनी के लिए आनंद का विषय था। वह बार-बार कहे जा रही थी, 'बेटे, वह आग से उठा धुआं नहीं था, वह तो स्वर्ग से उतरा विमान था। मेरे बेटे कंगालीचरण, यही सत्य है।' कहकर वह हांफने लगी।

कंगाली ने पूछा, 'क्या बेचैनी हो रही है।'

महिला अपनी रौ में बोली, 'यदि मुझे तेरे हाथों आग नसीब हो जाए, तो मैं भी स्वर्ग जा सकती हूं।'

कंगाली बोला, 'क्या तुझे ऐसी बातें कहना अच्छा लगता है?'

लेकिन वह अपनी धुन में कहती गई, 'फिर मेरी छोटी जाति के कारण कोई घृणा नहीं करेगा और निर्धन होने पर भी, मैं किसी की उपेक्षा का पात्र नहीं बनूंगी।'

मां के मुंह पर हाथ रखकर कंगाली बोला, 'मां, तेरी बातों को सुनकर मुझे डर लगता है।'

'हां, कंगाली! एक काम और करना। अपने बापू को पकड़ लाना और उसके पांव की धूलि से मेरे माथे पर सिंदूर-तिलक आदि भी लगा देना—यह सब करेगा न बेटा? मेरा राजा बेटा, तभी तो तेरी मां को स्वर्ग-लाभ होगा।' कहते हुए अभागिनी ने फिर से लड़के को अपनी छाती से लगा लिया।

◻◻

अभागिनी की जीवन-लीला का अंत होने जा रहा है। उसकी आयु मुश्किल से तीस की होगी। इतनी भी होगी या इससे भी छोटी होगी, कुछ कहा नहीं जा सकता, परंतु किसे, कब बुलावा आ जाता है, इसमें आयु की न्यूनाधिकता की कोई भूमिका नहीं रहती। यह तो ऊपर वाला ही जानता होगा कि उसने इस संबंध में क्या मानदण्ड बना रखा है। मां की दशा बिगड़ती देखकर कंगाली चिंतित हो उठा। पड़ोस के गांव में रहते वैद्य के पास जाकर रोया-गिड़गिड़ाया, हाथ-पांव जोड़े, किंतु वैद्य बिना फीस लिए, आने को सहमत न हुए। घर का लोटा गिरवी रखकर लड़के ने प्राप्त एक रुपया वैद्य के हवाले किया, किंतु वह फिर भी रुग्णा को देखने नहीं आए।

हां, दो-चार गोलियां अवश्य दे दीं और कह दिया कि वह मां को शहद में अदरक और तुलसी का रस मिलाकर पिलाता रहे।

कंगाली की मां ने यह सब सुना, तो उसने बिना उससे पूछे लोटा गिरवी रखने के लिए कंगाली को डांटा-डपटा। उसने क्रोधावेश में वैद्य की गोलियों को चूल्हे में फेंक दिया और बोली, 'अच्छा होना होगा, तो वैसे ही ठीक हो जाऊंगी। दूलों के परिवारों में वैद्य की दवा खाने का कोई प्रचलन नहीं है।'

दो-तीन दिन और इस प्रकार बीत गए। पड़ोसी पूछताछ के लिए आने लगे और अपनी हिकमत बघारते हुए नुस्खे भी बताने लगे। एक ने कहा—मूठ चलाओ—तो दूसरे ने कहा, हिरन के सींग का छुआ पानी पियो, तीसरे ने राय दी, गट्टी कौड़ी की राख शहद में मिलाकर चाटो, अर्थात जितने मुंह उतने उपचार। सभी अनुभवी होने का दावा कर रहे थे।

छोटा बालक कंगाली किस नुस्खे को अपनाए और किसे न अपनाए? वह तो यह सब सुनकर परेशान हो उठा था। मां ने बेटे की परेशानी को भांपा और उसे अपने समीप खींचकर बोली, 'बेटे, जब मैंने वैद्य की दवा नहीं ली, तो यह सब भी नहीं लूंगी। तुझे किसी दवा के जुगाड़ के पचड़े में नहीं पड़ना है। मेरे भाग्य में ठीक होना लिखा होगा, तो मैं वैसे ही ठीक हो जाऊंगी।'

दुर्लभ ई. साहित्य कार्नर

रोता हुआ कंगाली बोला, 'मां, वैद्य की गोलियों को चूल्हे में फेंककर तुमने ठीक नहीं किया।'

कंगाली आज अपने जीवन में पहली बार भात बना रहा था। अनुभव न होने के कारण वह न ठीक से मांड निकाल सका और न ही भात को पका सका। ठीक से चूल्हा ही नहीं जल सका। भात का उबलता हुआ पानी उफान से गिरा तो जलता चूल्हा बुझ गया। भात को परोसने लगा, तो वह चारों ओर बिखर गया। ध्यान से इस ओर देखती महिला की आंखों में आंसू भर आए। उसने उठने और बेटे की सहायता करने की चेष्टा की, किंतु उठ न सकी। भात जैसा भी पका था, मां-बेटे ने खाया और उसके बाद मां ने बेटे को अपने पास बुलाकर प्यार से भात पकाने की सारी विधि विस्तार से तथा ब्योरेवार समझाई। यह समझाते हुए रुग्णा की वाणी रुक गई और उसकी आंखों से अश्रुधारा बहने लगी।

नाड़ी-परीक्षण में कुशल गांव के नाई ईश्वर ने कंगाली की मां की नाड़ी जांची, तो वह निराश हो गया। दीर्घ निःश्वास छोड़ते हुए वह चेहरे पर गंभीरता लाकर चुपचाप चलता बना। महिला इसका अर्थ समझ गई, किंतु उसने किसी प्रकार की कोई परेशानी प्रकट नहीं की। हां, हाल-चाल पूछने आई पड़ोसिनों के चले जाने पर अभागिनी ने बेटे को 'उन्हें' बुलाकर लाने को कहा, तो न समझ पाने के कारण लड़के ने पूछा, 'मां, किसे बुलाने को कहती हो? क्या बापू को बुला लाऊं?'

महिला के चुप रहने पर लड़का बोला, 'मां, वह नहीं आएंगे।'

महिला बोली, 'बेटा, जाकर कह तो सही कि अंत समय में मां उनके दर्शन और चरण-स्पर्श करना चाहती है।'

जाने के लिए उद्यत लड़के को समझाती हुई रुग्णा बोली, 'बेटे, थोड़ा रो-धो लेना और कहना, मां अंतिम सांस ले रही है। हां, उधर से लौटती बार नाइन से थोड़ा-सा महावर भी लेते आना। मुझे वह बहुत प्यार करती है, मेरा नाम लेगा, तो वह मना नहीं करेगी।'

तेज बुखार में तड़पती मां को कंगाली ने बड़बड़ाते हुए सुना, तो वह डर गया। वह उसे अकेला छोड़ना नहीं चाहता था, किंतु कोई दूसरा चारा नहीं था।

◻◻

दूसरे दिन रसिकलाल दूले के आने पर अभागिनी अचेत पड़ी थी। चेहरे पर मृत्यु की छाया स्पष्ट दिख रही थी। नेत्रों की ज्योति पहले ही साथ छोड़ चुकी थी। किसी अज्ञात लहर से आई थोड़ी-सी चेतना से उसने पति के चरणों को छूने की इच्छा से अपने अशक्त हाथ को आगे करके फैलाया।

रसिक जड़ बना खड़ा था, वह तो सपने में भी नहीं सोच सकता था कि कोई उसके चरणों की धूलि से अपनी मुक्ति की कामना कर सकता है। जिस स्त्री को वह असहाय अवस्था में छोड़ गया था, वही स्त्री उसकी पूजा करेगी, यह उसकी कल्पना से बाहर था। फिर भी, उपस्थित महिलाओं के अनुरोध पर उसे अपनी पत्नी को अपनी चरण-धूलि देनी ही पड़ी।

राखाल की मां बोली, 'ऐसी सती को तो ब्राह्मणों-कायस्थों के घर जन्म लेना चाहिए था। न जाने किस अपराध से यह बेचारी दूलों के यहां उत्पन्न हुई है? अब भगवान इसका उद्धार करे। कंगाली के हाथ से मुखाग्नि पाने के लोभ में बेचारी ने असमय में प्राण दे दिए हैं।'

घट-घट में व्याप्त अंतर्यामी की प्रतिक्रिया के बारे में तो स्वयं अंतर्यामी ही जान सकता है, किंतु बेचारे कंगाली के कानों में पड़े ये शब्द उसकी छाती को छलनी कर गए।

एक दिन और एक रात काटने के बाद अभागिनी ने अंतिम सांस ली। यह तो मालूम नहीं कि हमारे शास्त्रों में छोटी जाति वालों को स्वर्ग ले जाने के लिए विमान की व्यवस्था रहती है या उन्हें पैदल चलकर जाना पड़ता है, परंतु हमें यह अवश्य पता है कि पौ फटने से पहले कंगाली की मां इस संसार को छोड़ चुकी थी।

झोंपड़ी के सामने खड़े पेड़ को काटने के लिए रसिक ने कुल्हाड़ी चलाई ही थी अथवा चलाने वाला होगा कि कहीं से आए जमींदार के दरबान ने उसके गाल पर एक चपत लगाई और फिर उसके हाथ की कुल्हाड़ी को छीनकर एक ओर फेंकते हुए बोला, 'क्या यह पेड़ तेरे बाप का है, जो तू इसे काट रहा है?'

रसिक अपने गाल को सहलाने लगा और कंगाली चिल्लाकर

बोला, 'दरबानजी, यह पेड़ तो मेरी मां ने अपने हाथ से रोपा था। आपने तो बिना सोचे-समझे मेरे बापू को पीट दिया है।'

दरबान ने कंगाली को मोटी-सी गाली दी। मां के शव के पास बैठे कंगाली को छूने से अपवित्र होने की आशंका न होती तो दरबान ने उसकी पूरी खबर ली होती। शोर-गुल सुनकर इकट्ठे हुए लोगों में किसी को भी यह कहने का साहस न हुआ कि रसिक का बिना पूर्व अनुमति के वृक्ष काटना उचित था। लोग हाथ जोड़कर और पैरों में गिरकर दरबान से पेड़ काटने की अनुमति देने की गुहार लगाने लगे। इसका कारण सभी का कंगाली की मां की अंतिम इच्छा—अग्नि में जलना— से परिचित होना था। उन्होंने दरबान को भी इस बात से अवगत कराया, किंतु दरबान बोला, 'यह सब चालाकी मेरे साथ नहीं चल सकती।'

इधर लोग दरबान की खुशामद कर रहे थे, उधर कंगाली तेजी से दौड़कर जमींदार की कचहरी में जा पहुंचा। उसने लोगों से सुन रखा था कि छोटे लोग अत्याचारी और क्रूर होते हैं, जमींदार साहब तो उदार और दयालु हैं। उसने सोचा कि यदि मैं दरबान की ज्यादती की बात जमींदार के कान में डाल दूंगा, तो शायद मुझे उनकी कृपा सुलभ हो जाएगी, किंतु उस नादान एवं भोले-भाले बालक को यह नहीं मालूम था कि बंगाल में जमींदार और उसके कारिंदे एक ही थैली के चट्टे-बट्टे हैं। जमींदार साहब का गुमाश्ता अधरराय संध्या-पूजा से निपटा ही था कि कंगाली उनके सामने आ खड़ा हुआ। गुमाश्ता जी द्वारा 'कौन है?' पूछे जाने पर कंगाली अपना परिचय देकर बोला, 'आपके दरबान ने मेरे बाप को पीटा है।'

'लगान न देने पर पीटा होगा?'

'नहीं साहब, मेरी अम्मा मर गई है, उसे जलाने के लिए मेरा बापू पेड़ काट रहा था।' कहते हुए वह अपने ऊपर नियंत्रण न रख पाने के कारण रोने लगा।

सवेरे-सवेरे रोना-धोना सुनना अधरराय को बहुत बुरा लगा। लड़का मां के मरने की बात कर रहा है, क्या पता, इधर आते समय यहां की किसी वस्तु को छू दिया हो। इससे वह काफी क्षुब्ध हो उठे।

चिल्लाकर बोले, 'मां मरी है, तो यहां क्या लेने आया है ? तुम्हें नीचे खड़ा होना चाहिए था।'

इसके बाद अपने कर्मचारी को आवाज देते हुए बोले, 'अरे, कौन है नीचे, थोड़ा गोबर-पानी छिड़ककर इस स्थान को पवित्र करो।'

कंगाली नीचे चला गया।

अधरराय द्वारा जाति पूछने पर कंगाली ने नीचे से उत्तर दिया, 'मैं दूला जाति का हूं।'

गुमाश्ता ने कहा, 'दूलों को मुरदे के लिए लकड़ी की जरूरत कहां पड़ती है ?'

कंगाली बोला, 'मां मुझे आग देने के लिए कह गई है। आप किसी से भी पूछ सकते हैं।' कहते हुए वह फूट-फूटकर रोने लगा।

अधरराय ने कहा, 'मां को जलाना है, तो पेड़ की कीमत पांच रुपये चुका दे।'

कंगाली के लिए पांच रुपये जुटाना असंभव था। कफन खरीदने के लिए उसे थाली बेचनी पड़ी है, घर में और कुछ भी नहीं है। वह हाथ जोड़कर बोला, 'मेरे पास रुपये नहीं हैं।'

'तो फिर मां को नदी के पास गढ़ा खोदकर गाड़ दे। काहे के लिए बेकार दुखी हो रहा है। तुम्हारी जाति में यही चलता है।'

कंगाली बोला, 'यह पेड़ तो हमारे आंगन में है और इसे मेरी मां ने ही रोपा था। इस पर हमारा अधिकार है।'

सुनते ही गुमाश्ता क्रोध से तिलमिला उठा। मोटी-मोटी गालियां देते हुए बोला, 'प्रजा होकर आंगन को अपना बताता है। अरे, कौन है ? इसे धक्के देकर बाहर निकाल दो।'

पांडे ने कंगाली को गले से पकड़ा और दरबान से भी अधिक गंदी गाली देते हुए उसे धक्का देकर घर से बाहर निकाल दिया।

धरती पर पड़ा कंगाली साहस जुटाकर उठ खड़ा हुआ। उसकी समझ में नहीं आया कि उसके किस अपराध के कारण उसे इस प्रकार अपमानित और दंडित किया गया है।

गुमाश्ते के मन में नाममात्र के लिए भी सहानुभूति नहीं उमड़ी। उसके चरित्र की इस निर्ममता को विशेषता मानकर ही तो उसे यह

15

नौकरी मिली थी। उलटे उसने अपने मातहत पारस से कहा, 'पारस, खाता जांच ले, कहीं इसका कुछ बकाया निकलता हो तो बरतन आदि अपने अधिकार में ले ले। क्या मालूम, यह साला कब गांव छोड़ जाए?'

❐❐

मुखर्जी परिवार में परिवार के स्तर के अनुरूप मृत महिला के श्राद्ध की जोर-शोर से तैयारियां चल रही हैं। वृद्ध गृहस्वामी ठाकुरदास स्वयं सारे कार्य की देख-रेख कर रहे हैं। कंगाली उनके सामने आकर बोला, 'पंडितजी, मेरी मां मर गई है।'

मुखर्जी ने पूछा, 'तू कौन है और मुझसे क्या चाहता है?'

'मैं कंगाली हूं। मेरी मां की अंतिम इच्छा अग्निदाह की थी।'

'तो फिर जाकर मां का संस्कार कर।'

तब तक कचहरी की घटना की जानकारी सबको हो गई थी। एक आदमी ने मुखर्जी को सारी घटना कह सुनाई और बोला, 'यह एक पेड़ की मांग लेकर आया है।'

मुखर्जी महाशय आश्चर्य और क्रोध-मिश्रित स्वर में बोले, 'क्या तुझे मालूम नहीं कि कल के श्राद्ध में हमें काफी लकड़ी की जरूरत पड़ेगी। यहां से चलता बन, मैं तेरी कोई सहायता नहीं कर सकता।' कहकर वह स्वयं एक ओर हो लिए।

समीप बैठे और खाता लिखते भट्टाचार्य ने कहा, 'पगले, तेरी जात में जलाने का प्रचलन नहीं है। यदि तेरी कोई इच्छा है, तो दो-चार लकड़ी जलाकर मां का मुंह झुलसा दे और फिर मुरदे को नदी किनारे गाड़ दे।'

उधर से किसी काम से गुजरते मुखर्जी महाशय के बड़े लड़के ने कंगाली की मांग के बारे में सुना तो उत्तेजित स्वर में बोला, 'आजकल सभी शूद्र ब्राह्मण और कायस्थ बनना चाहते हैं। घोर कलियुग आ गया है पंडित जी!' कहते हुए वह भी अपने काम को चल दिया।

इसके बाद कंगाली ने किसी और के आगे गिड़गिड़ाना उचित नहीं समझा। वस्तुत: दो घंटों के अनुभव ने उसे काफी समझदार बना दिया था। अत: वह सीधा मां के शव के पास जा पहुंचा।

नदी की तलहटी में गढ़ा खोदकर अभागिनी को सुला दिया गया। राखाल की मां ने पुआल की आग से मृतका का मुंह झुलसा दिया और

दुर्लभ ई. साहित्य कार्नर

उसके बाद मिट्टी डालकर मुरदे को धरती के भीतर दबा दिया गया।

इस काम से निबटकर सब लोग चलते बने। अकेला कंगाली जलते पुआल से निकलते धुएं को देखकर कल्पना कर रहा था कि शायद उसकी मां विमान पर बैठकर स्वर्ग जा रही है।

□□□

सती

पवना में हरीश की वकील के तौर पर ही नहीं, अपितु एक भले और नेक आदमी के रूप में भी अच्छी-खासी प्रतिष्ठा है। इसलिए इस क्षेत्र में होने वाले सभी सामाजिक कार्यों से वह किसी-न-किसी रूप में अवश्य जुड़े रहते हैं। इस कथन में कोई अत्युक्ति नहीं होगी कि देश में लोक-कल्याण का ऐसा कोई कार्य नहीं, जो उनके सहयोग के बिना संपन्न हो सका हो।

देश में स्थापित 'दुर्नीति दमन समिति' की कार्यकारिणी ने आज प्रातः विशेष अधिवेशन बुला रखा था। उसमें भाग लेने गए वकील साहब को काफी समय लग गया। इसलिए घर आकर उन्होंने जल्दी में नाश्ता निपटाकर अदालत की राह लेने की सोची। इस बीच उनके पास आई उनकी पत्नी निर्मला बोली, 'कल के समाचार-पत्र से पता चलता है कि हमारी लावण्यप्रभा यहां विद्यालय-निरीक्षिका नियुक्त होकर आ रही है।'

बात साधारण थी, किंतु इसमें एक व्यंग्य छिपा था। हरीश की विधवा छोटी बहन उमा बोली, 'भाभी, क्या एक नाम की और कोई नहीं हो सकती?'

'हो क्यों नहीं सकती, इसीलिए तो मैं इनसे पूछ रही हूं।'

हरीश थोड़ा खिन्न हो उठा और उपेक्षा दिखाते हुए तीखे स्वर में बोला, 'मुझे क्या मालूम कि यह कौन-सी लावण्यप्रभा है? क्या सरकार मेरी राय लेकर किसी की नियुक्ति का निर्णय लेती है, जो मैं सही-गलत बता सकूं?'

निर्मला मृदु और मधुर स्वर में बोली, 'अरे, आप तो बुरा मान गए, मेरा इरादा आपको परेशान करने का कतई नहीं था। उलटे मैं तो कहती

दुर्लभ ई. साहित्य कार्नर

हूं कि यदि आपके हस्तक्षेप से किसी का हित होता है, तो इसमें क्या बुराई है?' यह कहकर वह वहां से चलती बनी।

हरीश की भूख मर गई थी, इसलिए खाना छोड़कर उमा ने उन्हें उठते हुए देखा तो वह बोली, 'भैया, भूखे मत उठो, तुम्हें मेरे सिर की सौगंध।'

हरीश ने एक न सुनी और उठकर बड़बड़ाने लगा, 'यहां तो चैन से दो कौर भी खाने नहीं दिए जाते। मन करता है कि आत्महत्या कर लूं।'

इन्हीं शब्दों के साथ बाहर आए हरीश को पत्नी का स्वर सुनाई दिया, 'आपको आत्महत्या क्यों करनी है, आत्महत्या तो उस महिला को करनी होगी। एक दिन यह सत्य सारी दुनिया के सामने उजागर हो जाएगा।'

यहां हरीश के पिछले इतिहास का उल्लेख करना उपयुक्त होगा। इस समय चालीसा वर्षीय हरीश एम.ए. की तैयारी के दिनों में कलकत्ता को छोड़कर बारिसाल में आ गए थे। यहां इनके पिता राममोहन सब जज थे। उनके पड़ोस में स्कूल इंस्पेक्टर हरकुमार मजूमदार रहते थे। वह महाशय प्रकाण्ड पण्डित होने के साथ विनम्र और अत्यंत, सरल प्रकृति के व्यक्ति थे। सरकारी कामकाज में वह प्रायः मुख्य प्रशासक की बैठक को सुशोभित करते थे।

मुख्य प्रशासक बैठक में अन्य उच्च अधिकारी—गंजे सब जज, छंटी दाढ़ी वाले उप प्रशासक, वृद्ध अटार्नी जनरल आदि भी सम्मिलित रहते थे। नगर के कुछ गणमान्य एवं प्रतिष्ठित महाशय भी बैठक में पधारते रहते थे। इन सब महानुभावों के आकर्षण का कारण यह था कि मुख्य प्रशासक निष्ठावान हिंदू थे और सभा में धर्म तथा अध्यात्म जैसे विषयों पर चर्चा होती थी। पक्ष-विपक्ष में तर्क-वितर्क होने से थोड़ी-बहुत क्षणिक कटुता आ जाना स्वाभाविक होता था।

एक दिन, जब सभा में वाक्-युद्ध छिड़ा हुआ था, तो मजूमदार महाशय आ पहुंचे। ब्राह्मसमाजी और शांत-प्रकृति के व्यक्ति होने के कारण इन महाशय का किसी वाद-विवाद में उलझना तो दूर रहा, वह भाग भी नहीं लेते थे। वह चुपचाप सब सुनते रहते थे और अपनी राय प्रकट करने को कभी अधीर नहीं होते थे, किंतु आज स्थिति कुछ भिन्न

दुर्लभ ई. साहित्य कार्नर

हो गई। उनके आने पर किसी विषय में उलझे गंजे मुंसिफ ने मजूमदार साहब को मध्यस्थ बना दिया।

वस्तुतः एक बार कलकत्ता गए मुंसिफ साहब को मजूमदार के पांडित्य और भारतीय दर्शन में गहन पैठ की जानकारी मिल चुकी थी। हरकुमार सहमत हो गए और थोड़ी देर में उपस्थित लोगों को इन महाशय को गहरे ज्ञान के सामने हथियार डालने को विवश होना पड़ा, किंतु सब जज साहब हैरान थे कि अपनी जाति से नाता तोड़ने वाला व्यक्ति भला इतना विद्वान कैसे हो सकता है ? वह अपने मन की बात को प्रकट किए बिना न रह सके। वह उठते हुए दबी जबान में सरकारी वकील से बोले, 'भादुड़ी महाशय, भूत के मुंह से रामनाम की महिमा का सुनना इसे ही कहते हैं।'

भादुड़ी ने विरोध में कहा, 'मजूमदार महाशय का अध्ययन गहरा है और यह प्रामाणिक बात कहते हैं। पहले अध्यापक रहे हैं, इसलिए इन्होंने गहन ज्ञान की प्राप्ति के अवसर का खूब सदुपयोग किया लगता है।'

भादुड़ी महाशय की बात सुनकर खीजते हुए एक अन्य अधिकारी बोले, 'जाति-भ्रष्ट व्यक्ति के शास्त्रज्ञान का महत्त्व ही क्या है ? आचरण किए बिना ज्ञान किस काम का ? ऐसे लोग ही तो नरकगामी होते हैं।'

उस दिन एक ओर चुपचाप बैठा हरीश मजूमदार महाशय के पांडित्य, गांभीर्य और ज्ञान के साथ उनकी कथन-शैली तथा भाषा पर उनके अधिकार को देखकर मुग्ध हुए बिना न रह सका। हरीश के पिता की मजूमदार के पांडित्य के बारे में जो भी धारणा रही हो, किंतु हरीश ने उन्हें अपना पथ-प्रदर्शक बनाने का निश्चय कर लिया, इधर मजूमदार ने भी हरीश के अनुरोध को स्वीकार कर लिया। बस, हरीश का उनके घर आना-जाना शुरू हो गया और फिर उनकी लड़की लावण्यप्रभा से उसका परिचय हो गया। इंटर-परीक्षा की तैयारी के लिए वह भी कलकत्ता से पिता के पास आई हुई थी।

हरीश को यहां अपनी पाठ्यपुस्तकों के कठिन स्थलों का अर्थ समझने के साथ-साथ जीवन की अत्यंत दुरूह और जटिल समस्या को सुलझाने की विधि जानने का सुयोग भी मिल गया। कहने की

आवश्यकता नहीं कि इस दूसरी विधि को भी किसी उपलब्धि से कम महत्त्व नहीं दिया जा सकता। अपनी मेहनत और लगन के फलस्वरूप हरीश जहां सफल हो गया, वहां लावण्य असफल रह गई।

भेंट होने पर पूरी संवेदना दिखाते हुए हरीश ने बुझे स्वर में पूछा, 'आप असफल कैसे रह गईं?'

उपहास के स्वर में लावण्य बोली, 'क्या मैं फेल होने योग्य भी नहीं हूं?'

हंसकर हरीश बोला, 'आप कमाल की जिंदादिल हैं। अच्छा, जो होना था, सो हो गया। अब आप मन लगाकर काम करेंगी, तो सफलता मिल ही जाएगी।'

बिना लज्जित हुए लावण्य बोली, 'मैं कितना भी श्रम क्यों न कर लूं, सफलता मुझे मिलनी ही नहीं है।'

'ऐसा आप किस आधार पर सोचती हैं?'

हंसते हुए लावण्य बोली, 'मैं तो यों ही कह रही थी।' इतना कहती और मुसकराती हुई वह चली गई।

हरीश और लावण्य के मिलन की बात का पता हरीश की मां को लगा, तो वह मुकदमे का फैसला लिखने में उलझे अपने पति जज साहब से इसकी चर्चा करने लगी। जज साहब ठीक से लिख पाने और सही शब्द न ढूंढ़ पाने के कारण परेशान थे। पत्नी की बात सुनकर वह इतने अधिक आगे बढ़ गई है, निर्लज्जता की भी कोई सीमा होती है या नहीं?

वस्तुत: दीनाजपुर में अपने सेवाकाल में जजसाहब एक पुराने वकील के गुणों—आचारनिष्ठा, कर्त्तव्यपरायणता, धार्मिक दृढ़ता और चरित्र की उच्चता आदि—से इतने अधिक प्रभावित हो गए थे कि उन्होंने वकील साहब के घर जाकर उनकी छोटी लड़की निर्मला को देखा और अपनी बहू बनाने का अपने मन में निर्णय कर लिया था।

दीनाजपुर में रहते समय हरीश की मां ने भी इस लड़की को कई बार देखा था। उन्हें भी लड़की काफी अच्छी लगी थी, तो भी आश्चर्य प्रकट करते हुए वह बोलीं, 'आप ऐसा क्यों कह रहे हैं, क्या आप कहीं

दुर्लभ ई. साहित्य कार्नर

बात पक्की तो नहीं कर आए हैं ? आजकल बच्चों की राय जाने बिना ऐसा तो कोई नहीं करता।'

जज साहब दृढ़ स्वर में बोले, 'मैं आजकल का बाप नहीं हूं, जो ऐसे मामले में लड़के से उसकी राय पूछता फिरूं। मुझे जो निर्णय लेना था, मैंने ले लिया है। यदि वह मेरे निर्णय से सहमत नहीं, तो उसे घर में रहने का कोई अधिकार नहीं है।'

हरीश की मां अपने पति के स्वभाव से परिचित होने के कारण चुप हो गई।

गृहस्वामी बोले, 'देखो, लड़की भले ही आज के फैशन में ढली और आधुनिकता की कसौटी पर खरी उतरने वाली न हो, किंतु मेरे विचार में अपने माता-पिता के उत्कृष्ट संस्कारों से चिपकी रहने वाली लड़की को पत्नी-रूप में पाने पर हरीश को अपने को भाग्यशाली ही समझना चाहिए। ऐसी बहू अपने हिंदू धर्म के नियमों का तो दृढ़ता से पालन करेगी। हमें इससे अधिक और कुछ नहीं चाहिए।'

यह बात शीघ्र ही सार्वजनिक हो गई। हरीश ने भी यह सब सुना, तो पहले उसके विद्रोही मन में कलकत्ता भाग जाने और ट्यूशन आदि से अपना जीवन-निर्वाह करने का विचार आया, फिर साधु बाबा बन जाने का विचार भी एक बार मन में आया, किंतु अंत में उन बड़ों की, विशेषतः पिता की आज्ञा का आंख मूंदकर पालन करने को पुत्र का धर्म और कर्तव्य मानकर परिस्थिति से समझौता कर लिया।

लड़के को देखने के लिए पूरे ठाठ-बाट के साथ आए लड़की के पिता ने तिलक की प्रथा पूरी करने के रूप में इस संबंध की स्वीकृति पर अपनी मुहर लगा दी। जज साहब ने संबंधियों के साथ-साथ अनेक गणमान्य इष्ट-मित्रों को भी इस समारोह में आमंत्रित किया था। लड़की के पिता हरकुमार को इतने बड़े आयोजन का कोई अनुमान नहीं था।

सभा में जज साहब ने अपने समधी की धर्मनिष्ठा, आचार-पवित्रता तथा चरित्र की दृढ़ता जैसे गुणों की भूरि-भूरि प्रशंसा की।

उन्होंने स्पष्ट शब्दों में कहा, 'अंगरेजी शिक्षा ऊंची आजीविका तो दे सकती है, किंतु उससे आत्मकल्याण का मार्ग प्रशस्त नहीं किया जा सकता। अपने धर्म के पालन से ही सच्चा सुख, आत्मोद्धार और मोक्ष-

लाभ संभव है। आजकल लोग लड़कियों को भी अंगरेजी शिक्षा देने पर विश्वास करने लगे हैं, किंतु वह नहीं जानते कि यह शिक्षा हमारे पतन के लिए कितनी अधिक उत्तरदायी है। हमारे लोक और परलोक को बिगाड़ने वाली है।'

जज साहब के भाषण का गूढ़ अर्थ हरकुमार ही नहीं, अन्य उपस्थित लोगों के लिए भी रहस्य नहीं रहा। सभा के विसर्जन के तत्काल बाद विवाह का मुहूर्त भी निकलवा लिया गया। निर्मला को उसकी ससुराल भेजने से पहले उसकी सती-साध्वी मां ने इस घर के वातावरण व प्रथा-परंपरा आदि से परिचित कराते हुए उसे अपना स्नेह और आशीर्वाद भी दे दिया।

मां बेटी से बोली, 'बिटिया, मेरी ओर से कोई शिक्षा भले ही स्मरण रखना अथवा न रखना, परंतु इस एक बात को कभी न भूलना कि स्त्री के लिए पति की सेवा से बढ़कर दूसरा कोई धर्म और कर्तव्य नहीं। पति को परमेश्वर मानने वाली स्त्री ही जीवन में सुख पाती है।'

आपबीती बताते हुए निर्मला की मां अपनी बेटी से बोली, 'तुम्हारे पिता ने मुझे न जाने कितना सताया, तड़पाया और परेशान किया, तो सोचने लगी थी कि पति के चिता में जलने से पहले तक मुझे कभी शांति मिल ही नहीं सकती, किंतु फिर भी मैंने पति सेवा के अपने कर्तव्य से मुंह नहीं मोड़ा और इसीलिए अपने पति को अपने अनुकूल बनाने में सफल हुई।'

पिछले बीस साल से निर्मला अपनी मां की शिक्षा का पालन करती हुई इस परिवार को चला रही है। इस बीच उसके ससुर और पिता स्वर्ग सिधार गए हैं। अपनी शिक्षा समाप्त कर लावण्य भी ससुराल चली गई है। कनिष्ठा से वरिष्ठ अधिवक्ता के रूप में हरीश की उन्नति हो गई है। निर्मला तरुणी से प्रौढ़ा हो गई है, किंतु उसकी पति सेवा में रंचमात्र भी अंतर नहीं आया है।

❑❑

माता द्वारा पतिसेवा का बेटी को दिया मंत्र इतना अधिक प्रभावशाली होगा, इसका किसी को अनुमान तक नहीं था। जज साहब सेवानिवृत्त होकर पवना की बाड़ी में आ गए थे। हरीश के एक वकील

मित्र ने अपने पिता के श्राद्ध में कलकत्ता से कीर्तन करने वाली किसी महिला को बुलाया था। बढ़िया कीर्तन करने वाली यह स्त्री न केवल छोटी आयु की थी, अपितु रूप की रानी भी थी, अतः बहुत से लोग अलग से उसके स्वर-संगीत का आनंद लेने के लिए उत्सुक हो उठे थे। अगले दिन एक संगीत-सभा में आमंत्रित हरीश को रात घर लौटने में कुछ अधिक देर हो गई।

पति की प्रतीक्षा में ऊपर के खुले बरामदे में खड़ी निर्मला ने पति के आने पर उनसे पूछा, 'गाना कैसा लगा?'

प्रसन्न स्वर में हरीश ने उत्तर दिया, 'वह बढ़िया गाती है।'

निर्मला ने फिर पूछा, 'देखने में कैसी लगती है?'

'बुरी नहीं है, आकर्षक है।'

'फिर तो आपको पूरी रात वहीं काटनी थी।'

इस व्यंग्य को सहन न कर पाने से क्रुद्ध हुआ वह बोला, 'तुम कहना क्या चाहती हो?'

निर्मला भी क्रुद्ध स्वर में बोली, 'मैं कोई नादान और छोटी बच्ची नहीं हूं, जो तुम मेरी आंखों में धूल झोंकने में सफल हो जाओगे। मैं सारी वास्तविकता को भली प्रकार से समझती हूं।'

पास के कमरे से दौड़कर आई उमा घबराकर बोली, 'भाभी, यह क्या कोहराम मचा रखा है? पिताजी सो रहे हैं, तुम्हारी ऊंची आवाज उनके कान में पड़ेगी, तो उनकी नींद खुल जाएगी।'

निर्मला उसी तल्खी से बोली, 'यह कौन-सी छिपाने वाली बात है सती, रायसाहब सुन लेंगे, तो अच्छा ही होगा।'

इस वाद-विवाद को और अधिक बढ़ाना उचित न समझकर उमा अपने बूढ़े पिता की नींद भंग न करने की नीयत से हाथ जोड़कर निर्मला से बोली, 'भाभी, कुछ तो विचार करो, यह समय लोगों के सोने और आराम करने का है। थोड़ा धीमी आवाज में बोलो।'

निर्मला और अधिक उत्तेजित हो उठी और तिलमिलाते हुए ऊंची आवाज में बोली, 'ननदजी, जिस तन लागे वह तन जाने, और न जाने पीर पराई। मेरी छाती में कैसी आग धधक रही है, इसे तुम क्या जानोगी?' कहते हुए वह जोर-जोर से रोने-चीखने लगी। कुछ ही क्षणों

में वह कमरे में चली गई और उसने जोर से किवाड़ बंद कर दिए।

हरीश काठ का उल्लू बना चुपचाप नीचे आ गया और उसने अपने मुवक्किलों के बैठने के लिए पड़ी बैंच पर बैठकर ही बाकी रात बिता दी। उसके बाद दस दिनों तक पति-पत्नी में बोलचाल बंद रही।

अब हरीश पहले तो दिन छिपने के बाद बाहर जाता ही नहीं, यदि कहीं उसे जाना भी पड़ता है तो वह घर लौटने के लिए इतना अधिक उतावला हो जाता है कि लोग हैरान ही नहीं होते, अपितु हंसी-मजाक भी करते हैं। मित्र आश्चर्य प्रकट करते हुए कहते हैं, 'बंधु, तुम तो समय से पहले बूढ़े और बीमार होने लगे हो।'

हरीश मित्रों के व्यंग्य और उपहास को यथासंभव चुपचाप सुन लेता, कोई उत्तर नहीं देता था, किंतु जब स्थिति असह्य हो जाती, तो वह चिढ़कर बोलता, 'यदि तुम यही सोचकर मेरा पिंड छोड़ दोगे, तो इससे तुम्हें भी सुख मिलेगा और मेरा भी कल्याण हो जाएगा।'

मित्रों की प्रतिक्रिया होती, 'अब तो इस भले आदमी को सताने में भी कोई मजा नहीं आता, जोरू का गुलाम!'

❑❑

उस वर्ष मोतीझारा ने अपना ऐसा उग्र और प्रचण्ड रूप दिखाया कि सामूहिक मृत्यु जैसी स्थिति उत्पन्न हो गई। हरीश भी इसके चंगुल से बच नहीं पाया। परीक्षण के लिए आए वैद्यजी ने गंभीर स्वर में स्थिति को निराशाजनक बताया।

रायबहादुर तो पहले ही परलोकगमन कर चुके थे। हरीश की बूढ़ी विधवा मां ने पुत्र की दशा को सुना, तो वह पछाड़ खाकर गिर पड़ी और अचेत हो गई। निर्मला ने बाहर आकर दृढ़ और आत्मविश्वास से भरे स्वर में कहा, 'यदि मैं मन, वचन और कर्म से सती और पतिव्रता हूं, तो यमराज मुझसे मेरे सौभाग्य को छीनने का साहस कर ही नहीं सकता। आखिर शीतला माता मेरी रक्षा कैसे नहीं करती? वह अपनी सती बेटी का त्याग कैसे करती है? मुझे आज यही देखना है।'

यह कहते हुए निर्मला शीतला मंदिर में जाकर बैठ गई और बोली, 'पति के स्वस्थ हो जाने पर ही यहां से हिलूंगी और तभी घर जाऊंगी, नहीं तो यहीं अपने प्राण देकर पति के साथ चिता पर जल मरूंगी।'

सात दिनों तक निर्मला ने देवी के चरणामृत को छोड़कर कुछ भी ग्रहण नहीं किया। उसने अपने किसी भी प्रियजन के किसी अनुरोध को कोई गौरव नहीं दिया। सात दिनों के बाद वैद्यजी मंदिर में आकर निर्मला से बोले, 'बेटी, तुम्हारी तपस्या रंग लाई है, तुम्हारे पतिदेव स्वस्थ हो गए हैं। अब तुम घर लौटो।'

लोगों की भीड़ जुट गई। स्त्रियां उसे साक्षात् देवी मानने और उसकी चरण-रज लेने लगीं। स्त्रियों में उसके पैर छूने और उससे आशीर्वाद लेने की होड़-सी लग गई। सभी लोग सावित्री के आख्यान की सत्यता की चर्चा करने लगे और बड़े-बूढ़े यह कहने लगे कि कौन कहता है कि कलियुग में धर्म-कर्म नहीं रहा? देवी निर्मला ने यमराज के हाथ से अपने पति को मुक्त कराकर यह सिद्ध कर दिया है कि जप-तप और भक्ति में बड़ी भारी शक्ति है।

अब तो हरीश के मित्र हरीश की स्त्री के गुलाम होने को और संध्या के बाद घर से बाहर न निकलने को उचित ठहराने लगे। वह हरीश की पत्नी की प्रशंसा करते हुए आपस में एक-दूसरे से बोले, 'विवाह तो हमने भी किया है, किंतु निर्मला देवी जैसी सती-साध्वी स्त्री तो हरीश जैसे किसी भाग्यशाली को ही मिलती है।'

छुट्टियों में काशी जाकर किसी संन्यासी से मंत्र दीक्षा लेने वाले वकील वीरेन मेज पर मुक्का मारकर बोले, 'मैं तो पहले से ही जानता था कि हरीश मर ही नहीं सकता। क्या तप में शक्ति नहीं है? ओह, उस देवी के चेहरे का तेज देखते ही बनता था, जब उसने कहा था, मैं भी देखती हूं कि सती मां अपनी बेटी की लाज कैसे नहीं रखतीं? क्या आभा थी और कैसा आत्मविश्वास तथा कैसी निष्ठा झलकती थी?'

बड़ी आयु के अफीमखोर तारिणी चटर्जी एक ओर बैठकर तसल्ली से हुक्का छोड़कर टिप्पणी करते हुए बोले, 'शास्त्रों में आदर्श पत्नी की बड़ी महिमा है, किंतु इस सत्य की ओर कोई ध्यान ही नहीं देता, तभी तो सात बेटियों को ब्याहते-ब्याहते मैं भी कंगाल हो गया हूं। ऊपर वाले ने लड़का एक भी नहीं दिया, उसकी लीला वही जाने।'

बहुत दिनों बाद पूर्ण स्वस्थ होकर अदालत में हाजिर होने वाले

हरीश का स्वागत एवं अभिनंदन करने वालों की तो कोई गिनती ही नहीं थी।

ब्रजेंद्र बाबू ने तो हरीश को 'जोरू का गुलाम' कहने के लिए उससे क्षमा-याचना करने में भी संकोच नहीं किया।

वीरेन भक्त बोला, 'हमारे देश में आदर्श एवं सती स्त्रियों की एक लंबी सूची है। सीता, सावित्री, सुलोचना, लीलावती और गार्गी आदि नारियां इस देश में ही उत्पन्न हुई हैं। मैं तो कहता हूं कि जब तक हम स्त्रियों का सम्मान करना नहीं सीखते, तब तक स्वराज्य प्राप्ति आंदोलन सफल ही नहीं हो सकता। पवना में आदर्श नारी शिक्षा समिति का गठन करना चाहिए और उसकी अध्यक्षा नारी-रत्न निर्मला देवी को बनाना चाहिए।'

वृद्ध तारिणी चटर्जी बोले, 'इसी के साथ दहेज प्रथा निवारिणी समिति के गठन की भी आवश्यकता है। दहेज की प्रथा ने देश को खोखला कर दिया है।'

ब्रजेंद्र का हरीश को सुझाव था कि वह एक सफल लेखक है। उसे अपनी पत्नी की इस उत्कृष्ट सफलता पर एक बढ़िया लेख लिखकर आनंद बाजार पत्रिका में प्रकाशित करा देना चाहिए।

हरीश ने सबकी सुनी, परंतु उसने किसी को कुछ उत्तर नहीं दिया। हां, कृतज्ञता में उसकी दोनों आंखें सबके सामने छलछला आईं।

◻️◻️

स्वर्गीय गुसाईंचरण की विधवा पुत्रवधू का अपने ससुर के अन्य सौतेले पुत्रों के साथ संपत्ति के विभाजन का मुकदमा चल रहा था। विधवा के वकील हरीश बाबू थे और इस बारे में वह महिला उन्हें मिलने के लिए एक-दो बार उनके घर आ चुकी थी। जमींदार के कर्मचारियों में कौन किस पक्ष का है, इसे न जान पाने के कारण इस महिला को परेशानी हो रही थी।

आज सवेरे गाड़ी से आई इस महिला को हरीश ने आदरपूर्वक अपनी निजी बैठक में बिठाया। दूसरे कमरे में बैठे मुंशी आदि के कान में भनक न पड़ने देने की गरज से दोनों एक-दूसरे से सटकर अत्यंत ही धीमी आवाज में बातचीत कर रहे थे। विधवा के एक

दुर्लभ ई. साहित्य कार्नर

असंबद्ध वचन पर हरीश की हंसी छूट गई। वह कुछ बोलने ही वाला था कि उसे कमरे के परदे को हटाकर एक तीखी आवाज सुनने को मिली, 'मैं सब सुन रही हूं।'

विधवा चौंक उठी और हरीश तो लज्जा से धरती में गड़ गया। वस्तुतः वह इस तथ्य को भूल गया था कि दो आंखें और कान निरंतर उसकी चौकसी में सतर्क रहते हैं।

परदा हटाकर रणचंडी के रूप में सामने आ खड़ी हुई निर्मला बोली, 'यह क्या खुसर-पुसर हो रही है? ऐसी रसीली बातें तुमने मुझसे कभी नहीं कीं, किंतु यह मत भूलना कि मुझे छलना आसान नहीं है।'

अभियोग नितांत निर्मल नहीं था। क्षणभर काठ की पुतली बना हरीश बोला, 'क्या तुम पागल हो गई हो?'

निर्मला बोली, 'यही सत्य है। मैं सचमुच पागल हो गई हूं, किंतु आपने ही मुझे पागल बनाया है।' यह कहकर रोती-बिलखती निर्मला उस विधवा के पैरों में लुढ़कने लगी और उससे अपने पति को मुक्त करने की भीख मांगने लगी। शोर सुनकर मुंशी दौड़कर उधर आ गया, एक जूनियर वकील दरवाजे के पास आकर रुक गया, बिल वसूल करने आया बस कंपनी का क्लर्क भी उत्सुक होकर वहीं खड़ा हो गया।

इन सबके सामने निर्मला पति पर उस विधवा से संबंध रखने का आरोप लगाती हुई बोली, 'यदि मैं सती मां की सती बेटी हूं और यदि मैंने मन, वचन और कर्म से कभी अपने स्वामी के सिवा किसी की ओर आंख उठाकर देखा तक नहीं, यदि...'

इस तमाशे से हैरान-परेशान हुई वह विधवा भी रोने-बिलखने लगी। उलाहना देते हुए वह बोली, 'हरीश बाबू, क्या मैं अपने वकील से मिलने आई हूं अथवा अपने को अपमानित-कलंकित कराने आई हूं? आप अपनी पत्नी को समझाइए, क्या इसी तरह आप वकालत करेंगे?'

हरीश बेचारा किसी से कुछ नहीं कह सका। वह चुपचाप खड़ा सोचने लगा कि यह सब देखने-सुनने से पहले वह मर क्यों नहीं गया?

लज्जा और संकोच के कारण हरीश ने उस दिन अपने को कमरे में ही बंद रखा। कचहरी जाने की वह सोच ही नहीं सका। दोपहर को उमा ने जबरदस्ती द्वार खुलवाया और काफी देर तक समझाने-बुझाने के बाद

वह उसे थोड़ा-बहुत खिलाने-पिलाने में सफल हो सकी।

संध्या से पहले ब्राह्मण द्वारा किवाड़ के पास जल से भरी चांदी की कटोरी को देखकर पहले तो हरीश के मन में आया कि वह अपने पैर की ठोकर से उस कटोरी को बाहर फेंक दे, किंतु फिर अपने क्रोध पर काबू पाकर आज भी उसने अपने पैर का अंगूठा जल से छुआ दिया, क्योंकि हरीश भली-भांति जानता था कि स्वामी का चरणोदक पिये बगैर निर्मला अन्न तो क्या, जल तक ग्रहण नहीं करेगी।

रात को बाहर वाले कमरे में सोने जा रहा हरीश सोचने लगा कि उसके इस दुखी जीवन का अंत कब होगा ? वस्तुत: उसने इस विषय में अनेक बार अनेक प्रकार से सोचा है, किंतु इस पुण्यशीला सती के स्नेह-पाश से मुक्त होने के किसी भी उपाय को वह अंतिम रूप में अपनाने का निर्णय नहीं कर सका।

❑❑

दो वर्षों के बाद निर्मला को समाचार-पत्र में छपे समाचार की सचाई का पता चल गया। स्कूल-इंस्पेक्टर के रूप में लावण्य का वाकई इस क्षेत्र में स्थानांतरण हो गया था।

आज कचहरी से जल्दी लौटे हरीश ने अपनी छोटी बहिन उमा से कहा कि उसे एक आवश्यक काम से आज रात की गाड़ी से कलकत्ता जाना है, वहां दो-चार दिन रहना पड़ सकता है, अत: तुम नौकर से मेरे कपड़े, बिस्तर आदि ठीक से बंधवाकर तैयार रखना।

पंद्रह दिनों से पति-पत्नी एक-दूसरे से नहीं बोलते थे। रेलवे स्टेशन दूर होने के कारण हरीश को आठ बजे से पहले ही घर से निकल जाना था। वह अपने हैंडबैग में मुकदमे के जरूरी कागजात रख ही रहा था कि निर्मला कमरे में आ पहुंची।

हरीश ने उसकी ओर देखा, किंतु वह चुप रहा। निर्मला बोली, 'क्या आप कलकत्ता जा रहे हैं ?'

हरीश के 'हां' कहने पर निर्मला ने पूछा, 'क्यों ?'

'क्यों का क्या मतलब ? मुवक्किल का मुकदमा हाईकोर्ट में डालना है।'

'ठीक है, मैं भी आपके साथ चलती हूं।'

दुर्लभ ई. साहित्य कार्नर

'तुम्हें मैं कहां ठहराऊंगा?'

'यदि आप किसी वृक्ष के नीचे भी ठहरा देंगे, तो भी मैं इनकार अथवा बहस नहीं करूंगी।'

निर्मला का कथन उसके सती-धर्म के सर्वथा अनुकूल था, किंतु हरीश को लगा, मानो उसे किसी बिच्छू ने काट खाया हो। वह बोला, 'तुम तो रह लोगी, किंतु मुझे तो अनुचित स्थान पर तुम्हें ठहराना उचित नहीं लगेगा। मुझे तो पेड़ के नीचे नहीं ठहरना, किसी मित्र के घर रुकना है।'

निर्मला बोली, 'तब क्या सोचना? उनके यहां भी तो कोई स्त्री होगी, लड़का-लड़की होंगे, मुझे कोई कष्ट नहीं होगा।'

हरीश बोला, 'मित्र की पूर्व स्वीकृति लिए बिना मैं तुम्हें ले जाना उचित नहीं समझता। यह मर्यादा के विरुद्ध होगा।'

निर्मला बोली, 'आप मुझे अपने साथ नहीं ले जाएंगे, इस तथ्य को मैं पहले से ही जानती थी, क्योंकि मुझे साथ ले जाकर आपका लावण्य से मिलना नहीं हो सकेगा।'

हरीश उखड़ गया। वह क्रुद्ध स्वर में बोला, 'तुम एकदम नीच, घटिया और मूर्ख स्त्री हो। भला मैं उस विधवा के पास किसलिए जाऊंगा और वह मुझे क्यों बुलाएगी? मेरे पास इस फजुल काम के लिए समय ही कहां है? मुझे इतना अधिक काम निपटाना है कि सोचकर परेशान हो रहा हूं।'

'वह आपसे मिलेगी और अवश्य मिलेगी।' कहती हुई निर्मला कमरे से बाहर चली गई।

तीन दिनों के बाद हरीश के कलकत्ता से लौट आने पर निर्मला ने पूछा, 'आप तो वहां चार-पांच दिन रुकने वाले थे, जल्दी कैसे लौट आए?'

'काम जल्दी निपट गया, तो जल्दी लौट आया।'

मुस्कराते हुए निर्मला बोली, 'शायद आप लावण्य से मिल नहीं सके?'

'नहीं।'

सहज भाव में निर्मला बोली, 'जब आप कलकत्ता गए ही थे, तो

30

लावण्य से मिलने और उसकी खोज-खबर लेने में हर्ज ही क्या था? थोड़ा समय निकाल लेते, तो अच्छा होता।' कहकर वह चलती बनी।

एक महीने के बाद एक दिन अदालत जाते समय हरीश ने उमा से कहा, 'बहिन, आज मुझे लौटने में रात हो जाएगी।'

उमा के 'क्यों भैया' पूछने पर हरीश ने जान-बूझकर काफी ऊंची आवाज में कहा, 'सलाह-मशविरा करने के लिए योगीन बाबू के घर जाना है।'

लौटने में काफी देर हो गई। हरीश रात के बारह बजे घर लौटे। कपड़े उतारते समय उन्होंने निर्मला को शोफर से पूछते हुए सुना, 'अब्दुल, क्या योगीन बाबू की कोठी से लौट आए हो?'

अब्दुल बोला, 'नहीं मांजी, स्टेशन से लौटा हूं।'

'क्यों, क्या किसी ने गाड़ी से आना था?'

'हां मांजी, कलकत्ता से एक माई जी और एक बच्चा आए हैं।'

'कलकत्ता से...' हैरानी से निर्मला ने पूछा, 'तो क्या उन्हें डेरे पर छोड़कर आए हो?'

'हां' कहकर अब्दुल गाड़ी को गैरेज में छोड़ आया।

सुनकर कमरे में खड़ा हरीश किंकर्तव्यविमूढ़-सा हो गया। उसके लिए यह सब अप्रत्याशित तो नहीं था, किंतु उसने नौकर से झूठ बोलने को कहना उचित नहीं समझा था। इसका परिणाम यह निकला कि हरीश के सोने के कमरे में सारी रात पति-पत्नी में घमासान होता रहा।

दूसरे दिन बच्चे को लेकर हरीश के यहां आई लावण्य बोली, 'आपकी पत्नी से मेरा परिचय नहीं है, उनसे एक बार भेंट तो करा दीजिए।'

हरीश ने एक बार तो इस समय अत्यंत व्यस्त होने का बहाना बनाने का विचार बनाया, परंतु इससे छुटकारा न देखकर उसने दोनों को एक-दूसरे से मिला ही दिया।

निर्मला ने लावण्य और उसके दस वर्षीय लड़के का स्नेहपूर्वक स्वागत किया। लड़के को खाने के लिए कुछ देकर लावण्य को अपने पास बिठाया और पधारने के लिए उसके प्रति आभार प्रकट किया।

लावण्य ने कहा, 'हरीश ने बताया कि आप अनेक दिनों तक व्रत-

उपवास करती हैं। इससे आपके शरीर को क्षति पहुंचती होगी। इस समय भी आप क्षीण लग रही हैं।'

हंसकर निर्मला बोली, 'इन्होंने झूठ-मूठ में ही यह सब कह दिया होगा, किंतु यह सब इन्होंने आपसे कब कहा?'

समीप खड़े हरीश का चेहरा उतर गया। लावण्य बोली, 'इस बार कलकत्ता मिलने पर ही इन्होंने बताया था कि इनके मित्र कुशल बाबू के घर से मेरा घर इतना समीप है कि छत से आवाज देने पर सब सुनाई देता है।'

'तब तो बड़ी सुविधा रही होगी।'

हंसते हुए लावण्य बोली, 'किंतु इससे ठीक बातचीत तो नहीं हो सकती। अतः मैंने लड़के को भेजकर इन्हें अपने यहां बुला लिया था।'

निर्मला के 'अच्छा' कहने पर लावण्य बोली, 'आधुनिक और सुशिक्षित होने पर भी हरीश बाबू जात-पात में इतना गहरा विश्वास रखते हैं कि इन्हें दकियानूसी कहा जा सकता है। ब्राह्मी का छुआ न खाना तो ठीक था, मेरी बुआ का पकाया खाना भी इन्हें स्वीकार नहीं था। इसीलिए इनके लिए मुझे अपने हाथ से रौंधना-पकाना पड़ता था।' इसके बाद मुस्कराती और हरीश की ओर देखती लावण्य बोली, 'अच्छा, इस तरह की छुआछूत के मानने में क्या औचित्य है? एक तरह से तो मैं भी ब्राह्म समाज से बाहर नहीं हूं?'

हरीश का दिल बुरी तरह धड़कने लगा। वह रंगे हाथों पकड़ा जाने के कारण चिंतित होकर सोचने लगा कि इतने दिन प्रभु-कृपा से ठीक-ठाक निकल गए, किंतु अब न जाने मेरी कैसी दुर्गति होगी? वह यह देखकर चकित था कि आज निर्मला तनिक भी असामान्य नहीं हो सकती थी और उसने किसी प्रकार का कोई उपद्रव भी खड़ा नहीं किया था। लगता था कि लावण्यप्रभा की सत्यवादिता और निश्छलता ने इस महिला को भी सम्मोहित कर दिया था।

हरीश बाहर आकर काफी देर तक जड़ बनकर बैठा रहा। एक बार तो उसके मन में आया था कि वह लावण्यप्रभा को कलकत्ता में हुई अपनी भेंट की बात निर्मला को न बताने को कहे, किंतु उस सुशिक्षिता महिला से इस प्रकार की छल-छंद की बात कहना सर्वथा अशिष्ट तथा

अनुपयुक्त लगा था, अत: वह चुप रह गया था।

लावण्यप्रभा के चले जाने के बाद आंधी की तरह कमरे में प्रविष्ट हुई निर्मला उत्तेजित स्वर में बोली, 'मुझे नहीं मालूम था कि तुम इतने झूठे और कपटी हो?'

हरीश भी क्रुद्ध स्वर में बोला, 'तुम्हारी ईर्ष्या और तुम्हारा अविश्वास ही इसके लिए उत्तरदायी है।'

पति के चेहरे की ओर देखते हुए निर्मला रो पड़ी। वह बिलखती हुई बोली, 'आप मुझे कितना भी क्यों न सता लें, मुझसे कितना भी छल-कपट क्यों न कर लें, मुझसे कितना भी झूठ क्यों न बोल लें, किंतु यह मत भूलना कि यदि मैं सती मां की सती बेटी हूं, मन, वचन और कर्म से आपके प्रति पूर्णत: समर्पित हूं, तो आपको एक दिन अपने किए पर पछताना पड़ेगा।' यह कहते हुए वह जिस तेजी से आई थी, उसी तेजी से कमरे से बाहर निकल गई।

बोलचाल फिर से बंद हो गई। हरीश का खाना-पीना और सोना नीचे के कमरे में होने लगा। हरीश पहले की तरह अदालत में जाता है और खाली समय में कमरे में अकेला बैठा रहता है। अब वह क्लब भी नहीं जाता उसी तरफ लावण्य रहती है। उसे अपनी पतिव्रता पत्नी की दो आंखें हजार आंखें बनकर ताकती दिखती हैं। इस आशंका से दिन-प्रतिदिन हरीश सूखता और कमजोर होता जा रहा है। लगता है कि अपने शरीर और इस संसार से उसका मोह छूटने जा रहा है। स्नान के बाद दर्पण देखने पर हरीश को महसूस होता है, मानो वह परलोक जाने की तैयारी कर रहा है। समय काटने के लिए हरीश कालीसिंह के महाभारत से सती नारियों के आख्यान ढूंढ़-ढूंढकर पढ़ने लगा है। उन कहानियों में उसे विश्वास होने लगा है कि सती स्त्री के सतीत्व के बल-प्रताप से पापी का भी उद्धार हो जाता है और फिर दोनों पति-पत्नी सुदीर्घकाल तक भोग-सुख करते हुए जीते हैं।

महाभारत में सुदीर्घकाल के लिए कल्प का प्रयोग किया गया था, जिसका सही अर्थ सतीश नहीं जानता था, किंतु बीच-बीच में वह काल्पनिक जगत से यथार्थ जगत में भी लौट आता था। वह समझ नहीं पाता था कि जो प्रत्यक्ष है, वह सत्य है अथवा परोक्ष ही सत्य है। वह

दुर्लभ ई. साहित्य कार्नर

सोचने लगा कि यदि वह क्रिश्चियन होता तो अपनी पत्नी पर मुकदमा ठोककर उससे छुट्टी पा लेता। यदि वह कहीं मुसलमान होता तो तीन बार 'तलाक-तलाक' कहकर पिंड छुड़ा लिया होता, किंतु हिंदू और वह भी बंगाली होने के कारण उसके लिए पतिव्रता स्त्री के साथ जीवनपर्यंत निर्वाह करने के सिवा कोई और चारा ही नहीं।

अंगरेजी शिक्षा के प्रभाव से एक से अधिक विवाह करने का प्रचलन भी नहीं रहा, फिर असूर्यंपश्या निर्मला जैसी सती और पतिव्रता स्त्री—जिसके विरुद्ध शत्रु भी कुछ कहने का साहस नहीं जुटा पाते, झूठा आरोप लगाने से घबराते हैं—के रहते दूसरे विवाह के बारे में अथवा उसके परित्याग के बारे में भी सोचा तक नहीं जा सकता। आखिर उसे किस आधार पर छोड़ा जाए? ऐसी पतिव्रता को छोड़ने के कारण तो अपने को कलंकित करना होगा। उसके लिए हिंदू समाज को अपना मुंह दिखाना कठिन हो जाएगा। सुनने वाले मुझ पर थूकेंगे और मुझे धिक्कारेंगे।

जब कभी हरीश इस प्रकार सोचने लगता, तो बाकी रात उसकी नींद हराम हो जाती। कुर्सी पर बैठकर उसे आंखें मूंदकर रात बितानी पड़ती। एक दिन अदालत के लिए घर से निकलते हरीश को नौकरानी ने एक चिट्ठी सौंप कर कहा, 'उत्तर की प्रतीक्षा में पत्रवाहक खड़ा है।'

पत्र को खुला और लावण्य का लिखा देखकर हरीश ने पूछा, 'मेरे इस पत्र को खोलने की धृष्टता किसने की है?'

नौकरानी ने उत्तर में बताया, 'बहूजी ने।' हरीश ने पत्र पढ़ा, लावण्य ने हरीश की शिकायत की थी कि उस दिन आप देख गए थे कि मैं बीमार पड़ी हूं, फिर भी आपने यह जानने की चेष्टा नहीं की कि मैं जीवित हूं या परलोक सिधार गई हूं। लावण्य का हरीश से गिला अथवा उलाहना यह भी था कि उन्हें यह भली प्रकार मालूम है कि इस क्षेत्र में उनके सिवा उसकी किसी और से कोई जान-पहचान नहीं है। चलो, कोई बात नहीं, मैं मरी नहीं, बच गई हूं और इस पत्र को भी शिकायत के रूप में नहीं भेज रही हूं। आज मेरे बेटे का जन्मदिन है, यदि अदालत से लौटते समय आशीर्वाद देने के लिए आप पधारने का कष्ट करेंगे, तो आपकी बड़ी कृपा होगी।

पत्र के अंत में 'पुनश्च' के नीच रात्रिभोज और गाने-बजाने के कार्यक्रम में भाग लेने का निमंत्रण एवं अनुरोध भी था।

पत्र को पढ़कर वह कुछ देर के लिए विचार-मग्न हो गया। थोड़ी देर में मुंह उठाकर उसने देखा कि अपनी मुस्कान को छिपाने के लिए नौकर ने सिर झुका लिया है, जिसका अर्थ है कि नौकर-नौकरानियों की दृष्टि में भी वह उपहास का पात्र बन गया था। इससे उसके भीतर क्रोध की ज्वाला धधकने लगी और वह इस निर्णय पर पहुंचा कि जितना मैं सहन करता जाता हूं, उतना ही निर्मला का अत्याचार बढ़ता जाता है। अब मुझे इस संबंध में अंतिम निर्णय लेना ही होगा। आखिर कब तक मैं चुपचाप यह सब सहता रहूंगा।

हरीश ने नौकरानी से पूछा, 'पत्र कौन लाया है ?'

नौकरानी बोली, 'उनके घर की दासी लाई है।'

हरीश ने नौकरानी से कहा, 'पत्रवाहिका को अपनी मालकिन को यह बताने को कह दो कि अदालत से निबटकर मैं उपस्थित हो जाऊंगा।'

यह कहकर हरीश गर्व से सिर ऊपर उठाए मोटर में सवार हो गया।

उस रात हरीश काफी देर में लौटा। घर में घुसते ही उसने पत्थर की मूर्ति की तरह जड़ बनकर कमरे में खड़ी अपनी पत्नी को देखा।

❑❑

डॉक्टरों के चले जाने के थोड़ी देर बाद पारिवारिक चिकित्सक वृद्ध ज्ञान बाबू बोले, 'अफीम निकाल लिए जाने से अब बहू के जीवन को कोई खतरा नहीं है।'

हरीश की प्रतिक्रिया पर ध्यान न देते हुए वृद्ध चिकित्सक ने कहा, 'जो होना था, वह हो गया, उसकी चर्चा करना व्यर्थ है। अब दो-एक दिन आत्मीयता एवं सहानुभूतिपूर्ण व्यवहार करने से रुग्णा बहूरानी स्वस्थ एवं सामान्य हो जाएगी।'

'ठीक है।' कहकर हरीश सतर्क होकर बैठ गया।

बार-रूम की लायब्रेरी में उस दिन हरीश और निर्मला चर्चा का विषय बने हुए थे। भक्त वीरेन अपने गुरुदेव के वचन को उद्धृत करते हुए बोले, 'पुरुष का कभी विश्वास करना ही नहीं चाहिए। जब मैंने हरीश के गुसाईंचरण की विधवा के साथ संबंध की आशंका प्रकट की

थी तो सभी लोग एक साथ विरोध में उठ खड़े हुए थे। उस समय आप लोगों का मानना था कि हरीश ऐसा कर ही नहीं सकता। अब तो दूसरा मामला भी सामने आ गया है। वस्तुतः गुरुदेव की कृपा से मुझे दिव्य दृष्टि मिली हुई है, इसलिए मैं दूसरों के ऐसे गुप्त रहस्यों को भी जान लेता हूं, जिनकी स्वप्न में भी कल्पना नहीं की जा सकती।'

ब्रजेंद्र बोला, 'निर्मला जैसी सती-साध्वी पत्नी को धोखा देने वाले हरीश को नीच और अभागा ही कहना होगा।'

हुक्का हाथ में थामकर ऊंघते तारिणी चटर्जी सावधान होकर बोले, 'यही सत्य है। इधर देखो न, मैं बूढ़ा हो गया हूं, किंतु मेरे चरित्र में कहीं लेशमात्र भी खोट नहीं आया, फिर भी मेरे भाग्य में सात-सात लड़कियां लिखी थीं, जिनका विवाह करते-करते मैं गंजा हो गया हूं।'

योगीन बाबू बोले, 'मैं तो लावण्यप्रभा को आदर्श एवं कर्तव्यपरायण महिला मानता हूं और चाहता हूं कि सरकार उसे पुरस्कृत करे।'

भक्त वीरेन बोला, 'मैं आपके विचार का अनुमोदन करता हूं।'

एक दिन में सारे क्षेत्र में हरीश के चरित्र पर छींटे कसे जाने लगे और मित्रों के द्वारा यह तथ्य हरीश को भी ज्ञात हो गया।

उमा रोती हुई हरीश के पास जाकर बोली, 'भैया, तुम दूसरा विवाह क्यों नहीं कर लेते?'

हरीश ने कहा, 'बहिन, कहीं तुम पागल तो नहीं हो गई हो?'

'इसमें पागल होने की क्या बात है? क्या हमारे यहां पुरुष दो-तीन विवाह करते नहीं थे?'

'तब हम लोग असंस्कृत थे।'

'मैं नहीं मानती। तुम्हारे दुख को और कोई जाने अथवा न जाने, किंतु मैं भली प्रकार समझती हूं। तुम यह सारा जीवन अकेले कैसे जी सकोगे?'

हरीश बोला, 'पुरुषों के लिए जिस प्रकार पुनर्विवाह की छूट है, स्त्रियों के लिए वैसी व्यवस्था क्यों नहीं है? यदि तुम्हारी भाभी को दूसरा विवाह करने का अधिकार मिला होता, तो मैं भी शायद इस बारे में सोचता।'

सुनकर नाराज हुई उमा यह कहकर चलती बनी, 'भैया, तुम भी कैसी अनहोनी बात करते हो?'

इसके बाद हरीश अकेला बैठा रहा और काफी देर तक सोचने के बाद वह इस निष्कर्ष पर पहुंचा—जीवन में दुख भोगने के सिवा कोई दूसरा रास्ता नहीं है।

संध्या के धुंधलके में हरीश ने अपनी बैक में आई वैष्णवियों की कीर्तन मंडली को 'दूतीविलाप' गाते हुए सुना। मथुरा से आई दूती रो-रोकर ब्रजेश्वर की निष्ठुरता और हृदयहीनता की करुण गाथा गा रही है। दूती ने ब्रजनाथ का पक्ष किस प्रकार प्रस्तुत किया, इसका तो हरीश को कुछ ज्ञान न रहा, किंतु वह अपनी ओर से उनके पक्ष में तर्क-पर-तर्क प्रस्तुत करने लगा। उसका मानना था, नारी का एकनिष्ठ प्रेम निस्संदेह पुरुष के लिए अमूल्य थाती है, किंतु पुरुष को जीवन में और भी तो कितने झंझट निबटाने पड़ते हैं।

कंस-वध जैसे कितने कठिन काम श्रीकृष्ण को भी करने पड़े थे। यदि इसी बहाने को न भी माना जाए तो संभव है कि राधाजी का प्रेम गोपियों के लिए प्रेम से कहीं अधिक गहरा हो, जिसके कारण श्रीकृष्ण वहां रुक गए हों। हरीश सोचने लगा, 'जो भी हो, उन दिनों मथुरा में छिपना तो संभव था, किंतु आज तो पुरुष के लिए न कहीं छिपना संभव है और न कहीं किसी को मुंह दिखाना संभव है। क्या ब्रजनाथ कभी मेरी दीन-हीन दशा पर दया करके मुझे अपने चरणों में स्थान देने की कृपा करेंगे?'

दुर्लभ ई. साहित्य कार्नर

कामिनी

बहुत दिन पहले की बात है—कलकत्ता में 'कर मजूमदार' नामक एक पुस्तक व्यवसाय प्रतिष्ठान था। उक्त प्रतिष्ठान ने दीन बंधु मित्र के 'नील दर्पण' नाटक का राज संस्करण प्रकाशित करने के बाद यह निश्चय किया कि इस पुस्तक की भूमिका श्री शरत्चंद्र चटर्जी से लिखवाई जाए।

प्रकाशक की ओर से कवि सावित्री प्रसन्न चटर्जी, अध्यापक नरेंद्र कुमार मजूमदार और शरत्चंद्रजी के बाल्य-बंधु विभूति भूषण भट्ट तथा अतुल कृष्ण दत्त एक दिन उनसे मिलने के लिए आए। उस समय शरत् बाबू घर पर मौजूद नहीं थे। पड़ोस में कहीं मरीज देखने गए थे। कुछ देर बाद दवा का बक्स लिए हुए वे आए।

सावित्री ने बीच में ही बाधा देते हुए कहा, 'हां, हां, मैं उन्हें जानता हूं। इनके कई लेखों को पढ़ा भी है। जी, 'उपासना' पत्र के कुछ हो न?'

सावित्री बाबू ने कहा, 'जी, मैं 'उपासना पत्र' का संपादक हूं।'

शरत्चंद्रजी ने कहा, 'तुम्हारे प्रधान संपादक राधाकमल मुखर्जी ने अपने पत्र में मेरे 'चरित्रहीन' के संबंध में क्या अंडबंड लिख मारा है? 'उपासना' पत्र के संपादन के अलावा भी वे कुछ और कार्य करते हैं?'

सावित्री बाबू ने जवाब दिया, 'वे कॉलेज में अध्यापक हैं।'

'अध्यापक! कितनी उम्र होगी? शायद मुझसे अधिक न होगी। खैर, मान लिया होगी। लेकिन नारी चरित्र के संबंध में उनकी अभिज्ञता कितनी है, जरा बताइए तो? मुझसे काफी कम है, यह बात मैं दावे के साथ कह सकता हूं। रंगून में रहते हुए मैंने अनेक रोगियों की जीवन कहानियों का संग्रह किया था। तभी मैं यह बात अच्छी तरह समझ गया था कि इन लोगों का जीवन कितना विचित्र और आश्चर्यमय है।

कामिनी नामक एक महिला की कहानी अगर तुम सुनो तो स्वयं चकित रह जाओगे।'

'कांचड़पाड़ा के रेल कारखाने में शीतलचंद्र नामक एक व्यक्ति लोहारी का काम करता था। अचानक अच्छा काम पाकर वह रंगून चला आया। आते समय वह अकेला नहीं आया था, बल्कि साथ में कामिनी नामक एक लड़की को भी बहका लाया था। उन दिनों कामिनी की उम्र 24-25 के लगभग थी। लेकिन उसका स्वास्थ्य देखने से लगता था, जैसे जवानी की समस्त उत्ताल तरंगें उसके अंगों पर खेल रही हों।'

शीतलचंद्र का परिवार हमारे मेस के समीप वाली बस्ती में आकर बस गया। रंगून के अनेक छोटे-बड़े बंगालियों से मेरा परिचय था। यह इसलिए नहीं कि मैं भी प्रवासी बंगाली था, बल्कि इसलिए कि मैं होमियोपैथ का डॉक्टर था। तुम लोग जिन्हें छोटी जाति समझते हो, उनके बीच अच्छे डॉक्टर के रूप में मेरी ख्याति थी।

कुछ दिनों के बाद शीतलचंद्र और कामिनी से मेरा परिचय हो गया। इनकी झोंपड़ी मेरे ऑफिस जाने वाले रास्ते के किनारे पर थी। नित्य उन्हें देखता था, बड़े प्रेम से वे अपनी गृहस्थी चला रहे थे। बल्कि मुझे यह पता चला था कि कामिनी के अनुरोध और उद्योग के कारण शीतलचंद्र ने शराब पीनी भी छोड़ दी है।

एक दिन ऑफिस से लौटते वक्त देखा, कामिनी न जाने किसकी प्रतीक्षा में बाहर खड़ी है। मुझे पास आते देख वह रो पड़ी, 'बाबूजी, हाय मैं तो लुट गई। चार दिन हुए उन्हें माता (चेचक) निकली है। सोचा, अपने आप ठीक हो जाएगी, फिर आपको नाहक क्यों घसीटने जाऊं। लेकिन कल रात से हालत काफी बिगड़ गई है, सारे बदन में दाने निकल आए हैं। पहचाने तक नहीं जाते। दर्द से बेचैन हैं, मुझसे उनकी हालत देखते नहीं बन रही है। बड़ी कृपा होगी अगर आप कोई दवा दे दें।' कहती हुई वह मेरे पांव पर गिर पड़ी।

उससे अपने को छुड़ाते हुए मैंने कहा, 'कामिनी तुम घर जाओ, मैं अभी आता हूं।'

वापस जाकर शीतलचंद्र की जो हालत मैंने देखी, वह वर्णनातीत है। एक-दो रोज के भीतर मनुष्य का चेहरा इतना विकृत रूप धारण कर

दुर्लभ ई. साहित्य कार्नर

सकता है, विश्वास नहीं था। वास्तव में उसे पहचानना मुश्किल हो गया था। दर्द से बेचैन होकर छटपटा रहा था वह। उसकी विकृत आकृति के पास अपना मुंह ले जाकर कामिनी ने कहा, 'अजी, सुन रहे हो। बाबूजी आए हैं। अब डरने की कोई बात नहीं है। इनकी एक खुराक दवा खाते ही तुम बिल्कुल अच्छे हो जाओगे।'

कामिनी मेरी दवाओं की प्रशंसा करने में व्यस्त रही, पर मैं क्या हूं? इसे मैं अच्छी तरह जानता था। मरीज ठीक हो जाएगा, इसका भरोसा मुझे नहीं था। फिर भी सोच-समझकर दवा दी। नित्य सुबह-शाम जाकर देख आता था। इसके बाद बड़े डॉक्टर को भी बुलाया गया, लेकिन शीतलचंद्र को बचाया नहीं जा सका।

शीतलचंद्र की मृत्यु हो गई। कामिनी तो दुख से व्याकुल हो उठी। आंसुओं का स्रोत बह रहा था। शीतलचंद्र की बीमारी के समय उसे तीमारदारी करते मैंने देखा था। कितने लगन और परिश्रम से वह उसकी सेवा करती रही, जो किसी भी सती-साध्वी स्त्री से कम न थी।

शीतलचंद्र की मृत्यु के दूसरे दिन ऑफिस से लौटते वक्त देखा, कामिनी की झोंपड़ी के दरवाजे पर ताला लटक रहा है। पता लगाने पर मालूम हुआ कि वह छोड़कर कहीं चली गई है। कहां गई है? किसी को पता नहीं।

इस घटना के दो साल पश्चात मैं पुराने मेस को छोड़कर ऑफिस के पास एक मित्र के मेस में चला आया। जिस दिन मैं वहां पहुंचा उसी दिन की घटना है। मेस में सब ठीक-ठाक कर घूमने के लिए निकल पड़ा। जेब में चुरुट थी, लेकिन दियासलाई नहीं थी। इसलिए दियासलाई खरीदने के लिए सड़क के उस ओर स्थित एक बनिये की दुकान पर चला गया। भीतर जाते ही मैंने देखा शीतलचंद्र की वही कामिनी ग्राहकों को सामान तौल रही है, बदन पर काफी जेवरात हैं, होंठों पर मुस्कराहट और वही अटूट स्वास्थ्य था।

मुझे देखते ही वह झटपट आंचल को ठीक करती हुई खड़ी हो गई। इसके बाद सीधे मेरे पैर के पास आकर प्रणाम किया, फिर हंसती हुई बोल उठी, 'बाबूजी, मजे में हैं तो?'

मैंने पूछा, 'सब ठीक है, तुम अपनी कहो। तुम्हारा क्या हालचाल है? मजे में हो तो? देखने में तो खुश नजर आती हो?'

कामिनी ने कहा, 'आपके आशीर्वाद से मजे में हूं बाबूजी!' इसके बाद वह शायद अपने पूर्व जीवन के बारे में सोचती हुई लज्जित-सी होती बोल उठी, 'मौत के बुलावे को कौन टाल सकता है बाबूजी! आपने अपनी ओर से बचाने की कम कोशिश की थी?' उमड़ते हुए आंसुओं को वह पोंछने लगी।

कुछ देर शांत स्वर में पुनः बोल उठी, 'ये उनके ममेरे भाई हैं। काफी दिनों से रंगून में रहते हैं। दुख-सुख में अकसर हमारे यहां जाते थे। शायद आपने इन्हें देखा भी होगा। उनकी बीमारी के समय भी जाया करते थे। आज इनकी दया से पेट भर रही हूं। दो छोटे-छोटे बच्चे हैं। बच्चों की मां नहीं है, इसलिए इन बच्चों के प्रेम के कारण फिर से गृहस्थी बसा ली। वरना एक ही पेट तो भरना है, कहीं भी काम में लग जाती, गुजर हो जाती, लेकिन वह आदमी बड़ा हीरा है बाबूजी यह ठीक उन्हीं की तरह मुझे बहुत चाहते हैं।'

कहने का मतलब उसकी सारी बातों से मैंने यही मतलब निकाला कि इस नए व्यक्ति से उसका प्रेम हो गया है, उसके साथ गृहस्थी बसा ली है। और फिलहाल बड़े चैन से रह रही है।

शीतलचंद्र की बीमारी के समय इस व्यक्ति को आते-जाते देख चुका था। पूछा, 'क्यों री कामिनी, यह वही निवारण है न?' उसका नाम शायद निवारण ही था। अपने सिर के आंचल को आगे की ओर खींचती हुई, वह मुस्करा उठी, 'हां बाबूजी, आपको तो सब कुछ याद है।'

शीतलचंद्र की गृहस्थी में रहने वाली कामिनी को देखा था, वह वहां कितने आराम से थी, चेचक से पीड़ित शीतलचंद्र की सेवा कितनी लगन से करती थी। इसे भी देख चुका हूं। अनाहार, अनिद्रा और चिंता से वह बिलकुल सुख गई थी। फिर उसे निवारण की गृहस्थी में रहते भी देखा। अब वह शोकातुर कामिनी नहीं थी, बल्कि बसंत की लावण्यमयी कली थी, जिसके अंग-अंग पर जवानी खिल रही थी।

मैंने यह भी देखा, कामिनी के जीवन में एक और जितना शीतलचंद्र सत्य था, उतना ही निवारण भी सत्य रहा।

कांचड़पाड़ा स्थित अपने जिस पति को वह छोड़कर चली आई थी, क्या वह उसे कम प्यार करती थी?

□□□

41

विधवा विवाह

'बंगवाणी' में शरत् बाबू का 'पथेर दावी' का अंतिम अध्याय सितंबर 1926 में छप चुका था। इसे पुस्तक रूप देने के लिए शरत् बाबू सामताबेड़ से कलकत्ता आए। उन दिनों शरत् बाबू का कलकत्ता में अपना निजी मकान नहीं था, इसलिए उमा प्रसाद मुखर्जी के यहां ठहरे। उमा प्रसाद ने ही पहली बार 'पथेर दावी' को प्रकाशित किया था।

दूसरे दिन सुबह बंगवाणी के प्रधान सचिव कुमुदचंद्र राय चौधरी शरत् बाबू से मिलने के लिए आए। इनके बाद क्रमशः आगंतुकों की संख्या बढ़ती गई। बातचीत के सिलसिले में कुमुद बाबू ने कहा, 'पथेर दावी' के अंतिम अध्याय को पढ़कर पाठक संतुष्ट नहीं हुए। उनका कहना है कि अपूर्व के साथ भारती का विवाह क्यों नहीं हुआ? आखिर शरत् बाबू ने ऐसा क्यों किया?'

कुछ देर तक शरत् बाबू चुपचाप बैठे रहे, फिर हंसते हुए बोले, 'कुछ लोगों का ख्याल है कि मैं कंजरवेटिव हूं, उनका यह ख्याल गलत भी नहीं है। मेरे भीतर यह ऐब कहीं छिपा हुआ है। शायद तुम्हें याद होगा कि अपूर्व ने अपनी मां से एक जगह कहा है, 'मां, आज तो तुम इस लोक में हो, एक दिन तुम स्वर्गलोक में भी जाओगी, उस दिन तुम्हें इस अपूर्व का मोह त्याग देना पड़ेगा, इसे अच्छी तरह जानता हूं। लेकिन यह सत्य है कि अगर तुम्हें एक दिन के लिए पहचान सका हूं तो विश्वास रखो, इस लड़के के लिए वहां रहते हुए, तुम्हें कभी आंसू नहीं बहाना पड़ेगा। अपूर्व की इस मातृ-भक्ति को मैंने कभी क्षीण नहीं होने दिया। इसी वजह से अपूर्व के साथ भारती का विवाह मेरे लिए संभव नहीं हो सका है।'

कुमुद बाबू ने पूछा, 'अपूर्व ने ऐसा कहा, इसलिए उसका विवाह

दुर्लभ ई. साहित्य कार्नर

नहीं हो सका ? लेकिन यह बात समया लागू नहीं होती। आपकी भारती ने भी अपूर्व से कहा था, अगर उसकी मां बर्मा से आएगी तो उसकी सारी देखभाल वह स्वयं करेगी। भारती के भीतर प्रवेश करने पर अगर वे चौका-चूल्हा बाहर फेंक देंगी तो वह जबरदस्ती उनके चौके में जा घुसेगी। भारती की इस बात की पूर्ति आपने कहां की ? अपूर्व की मां जब बर्मा से आईं तब भारती से उनकी मुलाकात तक नहीं कराई ?'

शरत् बाबू ने कहा, 'कुमुद, उन बातों में एक रहस्य है। अपूर्व की वह बातें तो उसके मज्जागत संस्कार हैं, संपूर्ण रूप से आंतरिक। लेकिन भारती की बातें तो बात की बात है, परिचय का एक ढंग। इस बात के ऊपर इतना जोर नहीं दिया जा सकता। देखो, जब मैं संस्कार अथवा प्रथा के विरुद्ध जब कुछ लिखता हूं तब लिखने के लिए लिखता हूं, यह बात नहीं है। हमारे संस्कार, आचार-विचार तो हमारे ऊपर नंगी तलवार की तरह खड़े रहते हैं। इसके विरुद्ध जब कुछ लिखता हूं तो कुछ मतलब रखकर ही लिखता हूं। लेकिन कर्म-क्षेत्र में जब उन बातों को देखता हूं तब अंतर से कंजरवेटिव सिर पर चढ़कर बोलने लगता है, उस समय मैं कमजोर हो जाता हूं। उदाहरण के लिए जैसे विधवा विवाह। मेरा दृढ़ विश्वास है कि विधवाओं को पुनर्विवाह की आज्ञा न देना स्त्री जाति के विरुद्ध पुरुष जाति का एक भयंकर अपराध है। संसार में होने वाले अनेक पापों का यही एक मूल कारण है। लेकिन जब इसी बात को लेकर अनुमति देने का उत्तरदायित्व मेरे ऊपर आता है तब मैं अपने अंतर मन से अनुमति नहीं दे पाता। इस संबंध में बातचीत चलने पर मुझे अपने एक मित्र की कहानी याद आ जाती है। आज उसकी कहानी सुनाता हूं'—

उन दिनों मैं बर्मा में नौकरी करता था। वहां एक गोवा निवासी मेरा मित्र रहता था। विवाह के बाद ही बेचारा नौकरी की तलाश में बर्मा चला आया। इसके बाद एक अरसे तक वह वापस घर नहीं जा सका। एक दिन बातचीत के सिलसिले में यह पता लगा कि वह घर से पत्नी लाने के लिए रकम जुटा रहा है। अब तक दो सौ रुपये जुटा चुका है और तीन सौ रुपये जुटा लेने पर वह गोवा जाकर अपनी पत्नी को ले आएगा।

इसके बाद एक दिन मुझसे मुलाकात होने पर उसने कहा—

दुर्लभ ई. साहित्य कार्नर

'चटर्जी, तुमसे एक बात कहनी है। अगर तुम तीन सौ रुपये उधार दे दो तो गोवा जाकर अपनी बीवी को ले आऊं। तुम्हारे रुपये धीरे-धीरे चुका दूंगा।

वह आदमी अच्छा था। मैंने उसे रुपये दे दिए। वह छुट्टी लेकर गोवा गया और बड़े उत्साह के साथ पत्नी को लेकर वापस आ गया। यहां आकर एक अच्छी बस्ती में एक फ्लैट किराये पर लेकर रहने लगा। उस फ्लैट का पूरा किराया कम वेतन पाने के कारण दे नहीं पा रहा था, इसलिए उसने अपने एक मित्र लारेंस को आधा हिस्सा किराये पर दे दिया। लारेंस उसके परिवार में रहने लगा। अर्थात खाना-पीना और रहना एक साथ होने लगा। फ्लैट का किराया और अपने भोजन का आधा खर्च लारेंस देता था।

कुछ दिनों बाद मालूम हुआ कि मेरा वह मित्र तपेदिक का शिकार हो गया है। अकसर उससे मिलने उसके घर चला जाता था। तरह-तरह की बातें करता, उसे सांत्वना देता। क्योंकि यह बात मैं अच्छी तरह समझ गया कि इस रोग से छुटकारा पाना उसके लिए संभव नहीं है।

लेकिन उसकी जिंदगी के दिन इतनी जल्दी समाप्त हो जाएंगे, विश्वास नहीं था। मृत्यु के एक दिन उसने मुझसे अचानक कहा—'चटर्जी, इस जीवन मैं तुम्हारे कर्ज से मुक्त नहीं हो सका। दो हजार का बीमा है, पत्नी से कह दिया कि उन्हीं रुपयों से तुम्हारा कर्ज अदा कर दे।'

मैंने कहा—'क्या बेकार की बातें करते हो? यह सोचने की जरूरत नहीं है और न ही इसके लिए चिंता करने की जरूरत है। मुझे उन रुपयों की कोई चिंता नहीं है। भगवान न करे, तुम्हारी पत्नी की किस्मत में ऐसी दुर्घटना हो तो वे रुपये उसके काम आएंगे।'

मेरा मित्र कुछ देर तक अपलक दृष्टि से मुझे देखता रहा। उसकी आंखें भर आईं। फिर उसने कहा—'चटर्जी, मेरी मृत्यु से उसका कुछ नहीं बिगड़ेगा। अगर मैं मर जाऊं तो उसे प्रसन्नता ही होगी। दूसरे दिन वह लारेंस से विवाह करेगी। वे दोनों निरंतर मेरी मृत्यु की कामना कर रहे हैं। विश्वास करो, आज जो मैं मृत्यु के द्वार पर आकर खड़ा हुआ हूं, उसका एक मात्र कारण मेरी पत्नी है। कम-से-कम इतना तो सत्य है

कि उसने मेरी मौत को बुलावा दिया है। जिस दिन मैंने उसे लारेंस के साथ व्यभिचाररत देखा है, उसी दिन से उसका विश्वास करना छोड़ दिया है और यह समझ लिया है कि अब मैं बचूंगा नहीं। उसके हाथ से दवा तक पीने की इच्छा नहीं होती। पता नहीं, दवा देती है या उसके बदले और कुछ।'

इस आरोप पर मैं क्या कहता ? इधर-उधर की बातों से सांत्वना देने लगा जो बेकार था। मेरे सामने ही अपने दुख के कारण फफककर रो पड़ा। यह थी मेरे गोवावासी मित्र की कहानी। अब एक दूसरी कहानी सुनो—

वह लड़की दो बच्चों की मां थी। मेरे गांव में एक लड़की रहती थी। उसे हम गंगा की मां के नाम से जानते थे। पति और दो बच्चे मृत्युंजय और गंगा को लेकर बड़े सुख से गृहस्थी चला रही थी। उन दिनों मृत्युंजय की उम्र दस वर्ष की थी और गंगा उससे काफी छोटी थी। इसी तरह दिन गुजर रहे थे कि अचानक पति की मृत्यु हो गई। गंगा की मां को जैसे बर्दाश्त नहीं हो रहा था। उसने तुरंत दूसरे खसम का पल्ला पकड़ लिया। गंगा तो अपनी मां के साथ चली गई, पर मृत्युंजय को न जाने क्या हुआ कि वह अपनी मां के साथ नहीं गया। गंगा की मां मृत्युंजय को लेकर परेशान नहीं हुई। उसे वहीं छोड़कर अपने नए पति के साथ सहर्ष चली गई। अब आप लोग मृत्युंजय की दुर्गति के बारे में कल्पना करें कि वह कैसे जीवित रहा ?

देखो, जब इन सभी घटनाओं की याद आती है, तब सोचता हूं कि पहले हिंदू-समाज में विधवा विवाह की रीति नहीं थी, शायद वह हमारे लिए अच्छी नहीं थी। हिंदू-समाज में एक नारी के लिए एक पति का जो नियम बनाया गया था, उससे कम-से-कम पत्नी अपने पति की मृत्यु-कामना तो नहीं कर पाती। पति की मृत्यु के पश्चात बच्चों के झंझटों के बारे में भी सोच नहीं पाती। रहा पाप का प्रश्न, वह तो विधवाओं के लिए भी है और सधवाओं के लिए भी, इसलिए मेरा कंजरवेटिव मन जब यह कहता है कि हिंदुओं का प्राचीन नियम अच्छा था तब उसका समर्थन किए बिना मुझसे रहा नहीं जाता। लेकिन जब विधवा-विवाह के विरुद्ध भाषण सुनाता हूं तब उसे भी स्वीकार करने की तबीयत नहीं होती, जैसे

विधवा-विवाह पर रोक लगाने का अधिकार पुरुषों को नहीं है।'

कुमुद बाबू ने कहा, 'कुछ लोग विधवा-विवाह के मामले में उम्र का बंधन लागू करने के पक्ष में हैं।'

शरत् बाबू ने कहा, 'इससे कुछ होता-हवाता नहीं। उम्र के बंधन से इस मामले में सीमा निर्देश नहीं किया जा सकता। इस विषय पर सोचने के लिए अनेक बातें हैं। जो लोग समाज-सुधारक हैं, उन्हें इस विषय पर चिंता करने दो। मुझे जो कुछ उन्हें बताना चाहिए, मेरे जीवन में जितनी घटनाएं हुई हैं, उन बातों की चर्चा मैं अपनी पुस्तकों में कर चुका हूं, नियम जारी करना उनका काम है। मैं सुधार के लिए प्रयत्न करूं, ऐसी स्पर्धा नहीं कर सकता। फिर विधवा-विवाह समाज के सभी क्षेत्रों में कल्याणकारी है, इसे मैं मानने को तैयार नहीं।'

हरिलक्ष्मी

इस कहानी के अस्तित्व में आने की घटना अवश्य साधारण-सी है, परंतु हरिलक्ष्मी के जीवन पर इस साधारण घटना का पड़ने वाला प्रभाव निश्चित रूप से असाधारण है। किसी साधारण घटना के असाधारण प्रभाव को अस्वाभाविक अथवा अविश्वसनीय कभी नहीं माना जाता, यह तथ्य संसार में प्रत्यक्ष देखने को मिलता है।

जहाज के पास एक छोटी-सी डोंगी के समान बेलपुर के जमींदार के एक छोटे-से साझीदार थे। जमींदार पचानवे प्रतिशत के स्वामी थे, तो साझीदार की साझीदारी केवल पांच प्रतिशत की थी। दोनों शांत भाव से नदी के किनारे बसे गांव में रहते थे, किंतु अचानक उठे एक तूफान ने इस डोंगी के नामो-निशान तक को सदा के लिए मिटा दिया।

बेलपुर का ताल्लुका बहुत बड़ा नहीं था। निर्ममतापूर्वक प्रजाजनों से वसूली किए जाने पर भी बारह हजार वार्षिक से अधिक आय नहीं होती थी। इसमें से पांच प्रतिशत, अर्थात छह सौ रुपये वार्षिक आय वाले भागीदार को जहाज के सामने डोंगी कहना अनुचित भी नहीं लगता।

दोनों साझीदार दूर के संबंधित भाई-बंधु हैं। छह-सात पीढ़ियों से एक साथ रहते चले आ रहे हैं, किंतु आज एक का पक्का तिमंजिला मकान गांव भर में अपने मालिक की प्रतिष्ठा का सूचक बना हुआ है, तो दूसरे का पुराना खंडहर बना और दिन-प्रतिदिन अधिक-से-अधिक खस्ता हो रहा मकान उसकी दरिद्रता पर आंसू बहा रहा है।

इतने पर भी दोनों का समय अपने ढंग से शांतिपूर्वक बीत रहा था तथा आगे भी शांतिपूर्वक बीत जाता, किंतु जिस घटना ने उनके जीवन में उथल-पुथल मचा दी, बड़े साझीदार ने अपने अहं की संतुष्टि के लिए छोटे को नाम-शेष कर दिया, उसका विवरण कुछ इस प्रकार है:

दुर्लभ ई. साहित्य कार्नर

चालीस-बयालीस वर्ष की आयु में पचानवे प्रतिशत के स्वामी शिवचरण की पत्नी की मृत्यु हो गई। यार लोगों ने पुनर्विवाह के लिए उकसाते हुए टिप्पणी की, चालीस भी कोई विशेष आयु है। विरोधी सुनकर हंसते, किंतु मुंह न खोलते। फिर भी कानाफूसी करते कि बाबू तो कब के चालीस पार कर चुके हैं, किंतु हमारे विचार में दोनों पक्ष सही नहीं थे। वास्तव में जमींदार का रंग गोरा, शरीर हृष्ट-पुष्ट और चेहरा भरा हुआ था। दाढ़ी-मूंछ के बाल भी सफेद नहीं हुए थे, किंतु यह सब सोचना व्यर्थ है, क्योंकि धनी लोगों के विवाह में कहीं भी अड़चन नहीं आ पाती है। फिर बंगाल में तो वैसे ही दूल्हों का अकाल पड़ा रहता है।

इस प्रकार महीना-डेढ़ महीना न-न करते बीत गया। पत्नी के शोक की अवधि भी बीत गई, तो शिवचरण बाबू हरिलक्ष्मी से विवाह करके उसे अपने घर ले आए। विरोधी लोग भले ही कैसी टिप्पणियां क्यों न करें, किंतु सत्य यह था कि भगवान की कृपा से उनका स्वास्थ्य इतना बढ़िया था कि कोई उन्हें बूढ़ा कह ही नहीं सकता था। बुढ़ापे के कोई लक्षण ही नहीं थे। इसके अलावा नव-वधू की आयु भी इतनी छोटी नहीं थी कि उसे उनके लिए अनुपयुक्त कहा जा सके। वह दो-चार बाल-बच्चे अवश्य साथ नहीं लाई थी, परंतु आयु तो ऐसी ही थी।

इसमें कोई संदेह नहीं था कि नई बहू असाधारण सुंदर थी। साधारण रूप से बंगाल में बड़ी आयु में विवाह करने वाली लड़कियों से भी लक्ष्मी की आयु कुछ अधिक बड़ी थी। शायद इसका कारण यह था कि उसके पिता सुधारक थे और उन्होंने लड़की को मैट्रिक पास कराना आवश्यक समझा था। उनकी इच्छा तो लड़की को उच्च शिक्षा दिलाना और आत्मनिर्भर बनाना था, किंतु व्यापार में आए घाटे के कारण उन्हें एक विधुर को अपनी कन्या सौंपने के लिए विवश होना पड़ा।

शहर की लड़की होने के कारण लक्ष्मी दो दिनों में ही अपने पति को पहचान गई। उसकी सबसे बड़ी परेशानी यह थी कि नौकर-चाकरों से भरे घर में ऐसा कोई नहीं था, जिससे वह खुलकर बातचीत अथवा गपशप कर सके। शिवचरण तो उसका दीवाना था, इसका कारण केवल बूढ़े का तरुणी का गुलाम होना नहीं था, अपितु लक्ष्मी का रूप-सौंदर्य भी सचमुच इतना मोहक था कि कोई भी पुरुष उसे भोगने को अपना

सौभाग्य समझता। शिवचरण भी उसे पाकर यही समझता था, मानो अंधे के हाथ बटेर लग गई हो। घर के नौकर-चाकर तो उसकी ठीक से सेवा करने का निश्चय भी नहीं कर सके। उनके आने से अब तक अनुपम एवं अद्वितीय समझी जाने वाली मझली बहू की आभा फीकी पड़ गई। रूप, गुण, विद्या, कला और कौशल सभी दृष्टियों से नई बहू उससे कहीं आगे थी।

इतनी विशेषताओं की धनी लक्ष्मी इस घर में आने के दो महीनों के बीतते-बीतते बीमार पड़ गई। बीमार नई बहू को पूछने मझली बहू आई। यह दोनों की पहली भेंट थी। मझली बहू लक्ष्मी से दो-तीन साल बड़ी अवश्य थी। फिर भी, वह सौंदर्य में लक्ष्मी से कम नहीं थी। इस तथ्य से स्वयं लक्ष्मी भी सहमत थी, किंतु आयु अधिक न होने पर भी उसके निराभरण (गहनों का न होना) और साधारण वेशभूषा से उसकी दरिद्रता का स्पष्ट संकेत मिल रहा था। उसके साथ आया लड़का भी दुबला-पतला था। महिला ने अपने हाथों में दो चूड़ियों को छोड़कर और कोई गहना नहीं पहन रखा था। पहनी हुई धोती किनारी वाली होने पर भी अधमैली थी। लड़के ने भी रंगी हुई एक छोटी धोती पहन रखी थी।

लक्ष्मी अतिथि के आदर में उठकर बिस्तर के एक ओर सरक गई और उससे बैठने का अनुरोध करके उसकी ओर उत्सुकता से देखती रही।

लक्ष्मी ने उस महिला को हाथ से खींचा और उससे बोली, 'इस ज्वर को मैं अपना सौभाग्य मानती हूं कि इसके कारण आपसे भेंट हो सकी, किंतु संबंध की दृष्टि से मैं आपकी जेठानी हूं, क्योंकि मैंने सुना है कि आपके पति मेरे पति से काफी छोटे हैं।'

मझली बहू मुस्कराकर बोली, 'रिश्ते में छोटों के लिए आप शब्द का प्रयोग नहीं किया जाता।'

'बस, पहले दिन 'आप' का प्रयोग हो गया है, अन्यथा मैं इतनी उदार नहीं हूं, किंतु यदि तुमने भी मुझे जीजी न कहा तो अच्छा नहीं होगा। मेरा नाम लक्ष्मी है।'

मझली बहू बोली, 'आपको अपना नाम बताने की आवश्यकता नहीं, आप तो अपने स्वरूप में ही अपने नाम को सार्थक कर रही हैं,

किंतु पता नहीं कि मेरा नाम किसने मजाक में कमला रख दिया है।' कहकर वह कुतूहलवश मुस्करा दी।

लक्ष्मी के मन में आया कि वह देवरानी से कहे कि उसका चेहरा-मोहरा भी उसके नाम को सार्थक सिद्ध करता है, किंतु वह इस आशंका से यह न कह सकी कि ऐसा कहना कोरी नकल होगी। वह बोली, 'हम दोनों के नाम का अर्थ एक ही है। हां, एक बात और है, जिस प्रकार मैं तुम्हारे प्रति तुम शब्द का प्रयोग करती हूं, उसी प्रकार क्या तुम भी मुझे तुम शब्द से संबोधित नहीं कर सकतीं?'

हंसती हुई कमला बोली, 'जीजी, आयु को छोड़कर आप और सब बातों में मुझसे बड़ी और बढ़-चढ़कर हो। इसलिए तुम शब्द के प्रयोग में संकोच होता है। दो-चार दिन बीतने दीजिए, हिल-मिल जाने पर तुम के प्रयोग का भी अभ्यास हो जाएगा।' हरिलक्ष्मी सहसा प्रत्युत्तर में कुछ कह तो नहीं सकी, किंतु इतना अवश्य समझ गई कि यह महिला इस प्रथम परिचय को घनिष्ठ संबंध का रूप नहीं देना चाहती। उसके कुछ कहने से पहले उठती हुई कमला लक्ष्मी से बोली, 'जीजी, जाने की अनुमति दीजिए, उनके आने का समय हो रहा है।'

आश्चर्य प्रकट करती हुई लक्ष्मी बोली, 'वाह, अभी आई हो और अभी चली जाओगी। यह कैसे हो सकता है?'

'मैं आपके हुक्म की अवज्ञा तो नहीं कर सकती, आप कहती हैं तो बैठ जाऊंगी, किंतु आपसे निवेदन है कि उनके आने का समय हो रहा है, इसलिए आज जाने ही दीजिए।' कहती हुई वह उठकर खड़ी हो गई और लड़के का हाथ पकड़कर मुस्कराकर बोली, 'कल जरा समय से आ जाऊंगी।' इसी के साथ वह बाहर को चल दी।

कमला और उसके लड़के के चले जाने के बाद लक्ष्मी उस ओर कुछ देर तक देखती रही। आज उसे ज्वर तो नहीं था, किंतु सुस्ती और आलस्य बने हुए थे। फिर भी कुछ देर के लिए लक्ष्मी यह सब भूल गई थी। उसकी बीमारी में गांव-भर की बहू-बेटियां आई थीं, किंतु उनकी तुलना बगल में रहने वाली इस कमला नाम की स्त्री से नहीं की जा सकती थी। एक तो वे अपने आप आई थीं और दूसरे वे जाने का नाम ही नहीं लेती थीं। एक बार जिसे बैठने के लिए कहा गया, वह तो धरना

दुर्लभ ई. साहित्य कार्नर

मारकर जम गई। वे एकदम बक-बक करने वाली, ऊटपटांग कहने वाली, मनोविनोद के लिए फूहड़ तथा अश्लील बातों के कहने तक में संकोच न करने वाली, निर्लज्ज स्वभाव की महिलाएं थीं।

उनके विपरीत यह एक महिला थी, जो रुग्णा के पास आई और एक ही क्षण में अपनी विशिष्टता का परिचय दे गई। यद्यपि लक्ष्मी ने कमला से उसके मायके के बारे में कुछ नहीं पूछा था, तो भी उसे अनुमान हो गया था कि वह उसकी तरह कलकत्ता जैसे किसी शहर की लड़की नहीं हो सकती। लक्ष्मी इसे कमला की एक अतिरिक्त विशेषता मानती थी कि गांव की रहने वाली होने पर भी सुशिक्षित थी। इतना तो स्पष्ट था कि वह सस्वर रामायण और महाभारत पढ़ लेने में अधिक पढ़ी-लिखी नहीं हो सकती थी। यदि ऐसा न होता, अर्थात यदि वह कहीं अधिक पढ़ी-लिखी होती, तो ऐसी गुणवती लड़की का विपिन जैसे दीन-दुखी पुरुष के साथ विवाह न हुआ होता।

लड़की ने न तो किसी स्कूल में नियमित शिक्षा प्राप्त की होगी, अन्यथा ऐसी गोरी-श्यामली, रूप-गुण, शिक्षा, संस्कार और अवस्था आदि में कहीं भी विपिन तो उसके पासंग नहीं ठहरता। एक बात में तो लक्ष्मी ने अपने को भी कमला से हीन समझा। वह था, उसका कंठ स्वर। बोलती थी तो संगीत की मादकता और मधु की मधुरता टपकती थी। बात करने का तरीका और सलीका भी कमाल का था। एक-एक शब्द ऐसा सधा हुआ था, मानो घर में पूर्वाभ्यास करके चली हो। इन सबसे भी बढ़कर लक्ष्मी के लिए कमला के चरित्र की आकर्षक विशेषता थी, उसका एक दूरी को बनाए रखना।

वह भली प्रकार जानती थी कि दोनों की आर्थिक स्थिति में भारी अंतर है। वह इस तथ्य से परिचित ही नहीं, अपितु इसे हृदय से स्वीकार भी करती है, यह बात भी वह अपने व्यवहार से सूचित कर गई। कमाल की बात तो यह थी कि उसे गरीबी का जरा भी मलाल नहीं था। इस आधार पर लक्ष्मी का मानना था कि कमला गरीब भले हो, किंतु कंगाल कदापि नहीं।

रात्रि में जब शिवचरण अपनी पत्नी के पास आया तो अन्यान्य बातें

कहने-सुनने के बाद लक्ष्मी ने अपने स्वामी को बताया कि बगल कि मकान में रहने वाली मझली बहू से उसकी भेंट हुई है।

शिवचरण ने पूछा, 'क्या विपिन की बहू की बात कर रही हो?'

हरिलक्ष्मी बोली, 'मैं तो अपने को सौभाग्यवती समझती हूं और अपने रोग को भी वरदान समझती हूं, जो इस बहाने उससे भेंट हो गई, किंतु वह कुछ मिनट ही रुकी, काम की बात कहकर चली गई।'

शिवचरण बोला, 'हां, बेचारों के घर कोई नौकर-चाकर नहीं है, बरतन मांजने-धोने, कपड़े धोने और खाना बनाने जैसे सभी काम इस महिला को ही करने पड़ते हैं। तुम्हारे जैसा आराम गांव में किसी औरत के भाग्य में कहां? तुम्हें तो पीने का पानी भी अपने हाथ से नहीं लेना पड़ता।'

पति की टिप्पणी लक्ष्मी को विशेष प्रिय तो नहीं लगी, किंतु उसने यह सोचकर प्रतिवाद नहीं किया कि पति के कथन का उद्देश्य उसका अपमान करना कदापि नहीं था। वह बोली, 'सुना है कि मझली बहू को बड़ा अहंकार है। इसलिए वह किसी के यहां आती-जाती नहीं है।'

'अरे भाई, गहनों के नाम पर हाथ में दो चूड़ियों के सिवा कुछ है ही नहीं, इसलिए कहीं बाहर जाकर आने-जाने में शर्म आती होगी।'

'इसमें शर्म की क्या बात है? क्या लोग अपने से मिलने आने वालों के गहनों को देखते हैं? ऐसा दृष्टिकोण तो निंदनीय कहा जाएगा।'

शिवचरण बोला, 'मैंने तुम्हें जैसे जड़ाऊ गहने दिए हैं, दस गांवों में किसी बड़े-से-बड़े धनी ने कभी देखे तक न होंगे। विपिन तो दो चूड़ियों के सिवा अपनी पत्नी को आज तक कोई गहना दिला ही नहीं सका। रुपये में बड़ी शक्ति है। जूता खाने पर भी लोग रुपये के लालच...'

व्यथित और लज्जित लक्ष्मी बोली, 'छि: छि: ऐसी बातें करना आपको शोभा नहीं देता।'

शिवचरण बोला, 'सत्य बोलने में भला काहे का संकोच?'

लक्ष्मी आंखें मींचकर पड़ी रही। वह कहती भी तो क्या। वह समझ गई कि वे लोग गरीबों के प्रति अशिष्ट भाषा के प्रयोग को ही स्पष्टवादिता का नाम देते हैं।

शिवचरण चुप न रह सका। बोला, 'विवाह के समय इसने मुझसे

दुर्लभ ई. साहित्य कार्नर

पांच सौ रुपये उधार लिए थे, जो ब्याज सहित आज सात सौ हो गए हैं। यदि उसकी वसूली का तकाजा करूं, तो घर बिकने की नौबत आ जाएगी। सोचता हूं कि एक किनारे पड़ा है, पड़ा रहे, किंतु यदि दासी होने की योग्यता भी न रखने वाली विपिन की बहू मेरी पत्नी के सामने अकड़ दिखाती है, तो मुझसे सहन नहीं किया जा सकेगा।'

लक्ष्मी ने करवट बदल ली। रुग्ण महिला को पति के वचनों से गहरी व्यथा का अनुभव हुआ।

दूसरे दिन मृदु-मधुर स्वर को पहचानकर लक्ष्मी ने आंख खोलकर कमला को जाते देखा, तो आवाज लगाकर बोली, 'मझली बहू, आंख बचाकर निकली जा रही हो।'

शरमाती हुई कमला लौटकर बोली, 'मैंने सोचा कि तुम सो रही हो। हां, आज तुम्हारी तबियत कैसी है?'

'आज काफी ठीक है। हां, आज लड़के को अपने साथ क्यों नहीं लाईं?'

'अचानक सो गया है।'

'अचानक का मतलब?'

'मैं उसे दिन में सोने की आदत डालना नहीं चाहती।'

लक्ष्मी ने कहा, 'सोएगा नहीं, तो गरमी में ऊधम मचाता फिरेगा।'

कमला बोली, 'यही तो करता है, किंतु फिर भी, मैं दिन में उसके सोने की अपेक्षा उत्पात करने को कहीं अच्छा समझती हूं।'

'इसका अर्थ है कि दिन में स्वयं तुम भी नहीं सोती हो?'

कमला ने इसका उत्तर 'हां' में दिया।

हरिलक्ष्मी को अनुमान था कि मझली बहू इस प्रश्न के उत्तर में काम की अधिकता और समय की अल्पता के साथ विश्राम के लिए अवकाश न मिलने का रोना-धोना ले बैठेगी, अपने घर के कामों की लंबी-चौड़ी सूची पेश करेगी, किंतु उसने ऐसा कुछ भी नहीं किया, संक्षेप में ही मामला निपटा दिया।

इसके बाद इन दोनों महिलाओं में अन्यान्य विषयों पर बातचीत होने लगी। हरिलक्ष्मी ने अपना रुआब डालने के लिए अपने मां-बाप, भाई-बहिन, स्कूल, घर पर ट्यूशन और फिर मैट्रिक पास करने की एक-

53 दुर्लभ ई. साहित्य कार्नर

एक बात रस लेकर एवं अभिमानपूर्वक कह सुनाई। बहुत देर की बातचीत के बाद हरिलक्ष्मी इस निष्कर्ष पर पहुंची कि मझली बहू जितनी अच्छी श्रोता थी, उतनी अच्छी वक्ता बिल्कुल भी नहीं थी। इसीलिए उसने अपने विषय में कुछ भी नहीं बताया।

पहले तो लक्ष्मी को अपने बोलते चले जाने पर लज्जा का अनुभव होने लगा, किंतु बाद में सोचने पर उसे लगा कि सामने वाली महिला के पास जब कुछ कहने के लिए है ही नहीं, तो वह भला कहे भी तो क्या कहे? कल इस महिला से मिलने पर प्राप्त खिन्नता की आज मानो क्षतिपूर्ति हो गई थी। इसलिए वह आज काफी प्रसन्न थी।

सामने की बहुमूल्य दीवार-घड़ी के तीन बजने पर कमला उठ खड़ी हुई और विनम्र स्वर में बोली, 'जीजी, अब जाने की आज्ञा चाहूंगी।'

लक्ष्मी ने पूछा, 'क्या तुम्हारा अवकाश तीन बजे तक रहता है और क्या देवरजी ठीक समय पर घर आ जाते हैं?'

उत्तर में मझली बहू बोली, 'आज तो वह घर पर ही हैं।'

'फिर तुम्हें भागने की जल्दी क्यों है?'

कमला बैठी नहीं और जाने के लिए आगे पग भी नहीं बढ़ा सकी। वह बोली, 'आप खूब पढ़ी-लिखी हैं, मैट्रिक पास हैं और मैं ठहरी गंवई-गांव की फूहड़...'

बीच में ही रोकती हुई लक्ष्मी ने पूछा, 'क्या तुम्हारा मायका गांव में है?'

'जी हां जीजी, ठेठ-देहात में है। कल बिना कुछ समझे, न जाने मैं क्या कह बैठी? किंतु मैं कसम खाकर कहती हूं कि मेरा इरादा आपका अपमान करने का कतई नहीं था।'

हरिलक्ष्मी सोच में पड़ गई और बोली, 'मुझे तो ऐसा कुछ याद नहीं कि कल तुमने कुछ कहा था, जिसके लिए तुम आज खिन्न हो रही हो।'

मझली बहू बिना कुछ उत्तर दिए फिर से अनुमति मांगकर धीरे-से बाहर को चल दी। इस समय इस महिला का कंठ-स्वर पहले से कुछ बदला हुआ-सा था।

रात को शिवचरण के घर आने पर लेटी हुई हरिलक्ष्मी न केवल तन से स्वस्थ थी, अपितु मन से भी प्रसन्न थी।

शिवचरण ने पूछा, 'बड़ी बहू, अब स्वास्थ्य कैसा है?'

उठकर बैठ गई हरिलक्ष्मी बोली, 'अब मैं स्वस्थ-प्रसन्न हूं।'

शिवचरण बोला, 'तुम्हें आज सवेरे की बात का पता नहीं चला होगा। उस साले विपिन को बुलाकर सबके सामने ऐसा लताड़ा कि उसकी आंखों में आंसू आ गए। ससुरा जनम-भर याद रखेगा कि बेलपुर के चौधरी की पत्नी से कैसे पेश आना है।'

घबरा उठी हरिलक्ष्मी ने बुझे स्वर में पूछा, 'किसे डांटने की बात कर रहे हैं आप?'

'अरे, और किसे, उस साले विपिन को बुलाकर कहा कि तुम्हारी पत्नी का यह साहस कि मेरी पत्नी के सामने अपनी शान दिखाए और हमारा अपमान करे। लगता है कि वह साली ओछे परिवार की नासमझ लड़की है। यदि फिर कहीं उसने ऐसी मूर्खता की, तो उसके बाल कटवाकर और मुंह काला करके गधे पर बिठाकर गांव से बाहर निकलवाकर ही दम लूंगा।'

यह सुनकर रोग से मुरझाया हरिलक्ष्मी का चेहरा काला-स्याह पड़ गया।

शिवचरण अपनी छाती ठोककर गर्व के साथ बोला, 'इस गांव में, मैं ही जज हूं, मैं ही मुंसिफ, दरोगा, पुलिस और मैजिस्ट्रेट सब मैं ही हूं। यहां मेरा हुकुम ही कानून है। किसी को फांसी पर लटकाने का तथा फांसी लटकने का हुकुम देने का अधिकार मेरे पास है। यदि तुम देखना चाहो तो मैं कल ही विपिन की बहू को तुम्हारे चरणों में डाल सकता हूं। ऐसा न किया तो मेरी चौधराहट पर लानत है।'

लाटू चौधरी के बेटे शिवचरण ने मझली बहू के विरुद्ध अपमानजनक शब्दों के प्रयोग से अपने समूचे शब्द-भंडार को खाली करके ही दम लिया। सुनकर हरिलक्ष्मी इतनी अधिक दुखी हो उठी कि वह यह मनाने लगी कि धरती फट जाए और वह उसमें समा जाए।

❑❑

प्रौढ़ शिवचरण के लिए अपनी युवती पत्नी को अपना युवा शरीर देना संभव नहीं था। इसे छोड़कर उसका सर्वस्व हरिलक्ष्मी को समर्पित था। हरिलक्ष्मी को गांव की जलवायु रास नहीं आई। वैद्य के

निर्देश से जलवायु-परिवर्तन के लिए पश्चिम में जाने की ठाट-बाट से तैयारी होने लगी।

यात्रा के लिए शुभ-मुहूर्त निकलवाया गया। प्रस्थान के दिन सारा गांव विदा देने आया, किंतु केवल विपिन और उसकी पत्नी कमला नहीं आए। घर के भीतर बुआ और घर के बाहर शिवचरण उस परिवार के विरुद्ध ऊल-जुलूल, जो मुंह में आया, बकने लगे। इन दोनों के स्वर-में-स्वर मिलाने वाली स्त्रियों का भी कोई अभाव नहीं था। हरिलक्ष्मी तटस्थ भाव से सारा तमाशा देख रही थी। वह अपने को यह सांत्वना दे रही थी कि उसके पति ने अपने भाई-भौजाई के प्रति कितना भारी अन्याय क्यों न किया हो, किंतु उसकी ओर से ऐसा कुछ अनुचित नहीं किया गया, किंतु अब बाहर की स्त्रियों द्वारा अपने परिवार की स्त्री के विरुद्ध बकना उसे सर्वथा असह्य लग रहा था। घर छोड़ने से पूर्व पालकी में बैठी लक्ष्मी ने परदा हटाकर मझली बहू के घर, किवाड़ आदि पर दृष्टि डाली, किंतु बाहर-भीतर कहीं, उसे उस परिवार के सदस्य की छाया तक दिखाई नहीं दी।

काशी में मकान की समुचित व्यवस्था कर ली गई थी। वहां के जलवायु से लक्ष्मी के स्वास्थ्य में शीघ्र ही उल्लेखनीय सुधार होने लगा। चार महीने बाद घर लौटी लक्ष्मी के चेहरे की रंगत को देखकर गांव की स्त्रियां मन-ही-मन ईर्ष्या करने लगीं।

हेमंत ऋतु की एक दोपहरी को मझली बहू अपने निरोगी पति के लिए मफलर बुन रही थी, तो उसी के पास बैठा लड़का सामने लक्ष्मी को देखकर चिल्ला उठा, 'ताईजी लौट आई हैं।'

कमला तत्काल हाथ के काम को छोड़कर उठ खड़ी हुई और प्रणाम किया। बिछे आसन पर लक्ष्मी के बैठ जाने पर कमला ने आदर से पूछा, 'जीजी, अब आपका स्वास्थ्य कैसा है?'

लक्ष्मी ने उत्तर दिया, 'अब तो ठीक है, किंतु जाते वक्त स्वस्थ होना अथवा न होना कुछ भी निश्चित नहीं था। मेरा न लौटना भी हो सकता था, फिर भी तुम लोगों ने मेरे जाते समय मुझसे भेंट करना आवश्यक नहीं समझा। जाती बार तुम्हारे घर-द्वार पर नजर गड़ाए रही, किंतु किसी की छाया तक देखने को नहीं मिली। मझली बहू, रोगी बहिन को विदा

करना भी तुम्हें गंवारा न हुआ ? ऐसी कठोर तुम दिखती तो नहीं हो ?'

मझली बहू आंसू बहाने लगी, उसके लिए मुंह खोलना संभव न हुआ।

लक्ष्मी बोली, 'मुझमें अनेक दोष हो सकते हैं, किंतु मैं कठोर हृदय बिल्कुल नहीं हूं। भगवान तुम्हें सुखी रखे, यदि तुम कहीं बाहर जा रही होतीं, तो मैं ऐसा उपेक्षापूर्ण व्यवहार कदापि न करती।'

मझली बहू इस पर भी कुछ नहीं बोली, चुप खड़ी रही।

इस घर में हरिलक्ष्मी के पैर पहली बार पड़े थे। वह इस घर की सभी कोठरियों को देखने लगी। उसने देखा कि सौ साल पुराने इस मकान में केवल तीन कोठरियां रहने योग्य हैं। घर में दरिद्रता का साम्राज्य है। सामान भी नाममात्र का है। दीवारों का चूना-पलस्तर झड़ गया है। मरम्मत न कराने के कारण नंगी ईंटें चिढ़ाती-सी लगती हैं। इतने पर दो-चार देवी-देवताओं के चित्र और मझली बहू की शिल्पकला के कुछ अच्छे नमूने लटके हुए हैं। कहीं किसी प्रकार की अव्यवस्था देखने तक को नहीं है। वेलकम, स्वागतम् और गीता के श्लोकों के लेख भी एकदम शुद्ध और स्पष्ट हैं। एक चित्र को देखकर लक्ष्मी ने पूछा, 'मझली बहू, चेहरा परिचित-सा लगता है, किसका चित्र है यह ?'

लजाती हुई कमला बोली, 'तिलक महाराज के चित्र को देखकर नकल करने की चेष्टा की थी, किंतु असफल रही।' यह कहती हुई कमला ने दीवार पर टंगा तिलकजी का चित्र उतारकर दिखा दिया।

काफी देर तक चित्र को देखते रहने के बाद लक्ष्मी बोली, 'चित्र को न पहचान पाने को मैं अपनी गलती मानती हूं। क्या यह विद्या आप मुझे सिखाने की कृपा करोगी ? मझली बहू, यदि तुमने मेरी प्रार्थना स्वीकार ली, तो मैं तुम्हें अपना गुरु मानूंगी।'

मझली बहू हंसने लगी। तीन-चार घंटों के बाद उस घर से लौटती लक्ष्मी ने मन में निश्चय कर लिया था कि कल से वह प्रतिदिन एक-दो घंटे चित्रकला सीखने यहां आया करेगी।

दो-चार दिनों तक सीखने के बाद लक्ष्मी समझ गई कि इस विद्या को सीखने के लिए कठोर साधना अपेक्षित है। यह पांच-सात दिनों का

खेल नहीं है। एक दिन लक्ष्मी ने उलाहना देकर कहा, 'मझली बहू, लगता है कि तुम मुझे यह विद्या मन से नहीं सिखाती हो?'

मझली बहू बोली, 'जीजी, यह विद्या लंबी साधना की अपेक्षा रखती है। इससे तो अच्छा यही होगा कि आप बुनाई-कढ़ाई सीख लें।'

अपनी नाराजगी को छिपाकर लक्ष्मी ने पूछा, 'मझली बहू, तुमने इसे सीखने में कितनी लंबी साधना की थी?'

'मुझे किसी ने सिखाया नहीं। मैं तो अपनी लगन और अभ्यास से अपने आप सीख गई हूं।'

'यदि तुमने नियमित शिक्षा ली होती तो तुम्हें समय और अवधि की जानकारी अवश्य होती।'

मुंह से कुछ न कहने पर भी लक्ष्मी पर यह तथ्य उजागर हो गया कि वह प्रतिभा में मझली बहू की समता नहीं कर सकती, आज वह अपना सामान समेटकर समय से पहले ही घर लौट आई। अगले दिन वह नहीं आई। नियमित उपस्थिति में यह उसकी पहली अनुपस्थिति थी।

तीन-चार दिनों के बाद हरिलक्ष्मी चित्रकला से संबंधित अपने साज-सामान को लेकर मझली बहू के घर आ पहुंची। उस समय कमला अपने लड़के को रामायण के चित्रों को दिखाकर उनसे जुड़ी कथाएं सुना रही थी। लक्ष्मी को देखते ही कमला ने उसे प्रणाम किया, आसन बिछाकर उसे बिठाया और फिर चिंतित स्वर में पूछा, 'तीन-चार दिन आप आई नहीं, स्वास्थ्य तो ठीक था न?'

लक्ष्मी ने उत्तर में कहा, 'वैसे ही पांच-छह दिन नहीं आई।'

आश्चर्य प्रकट करती हुई मझली बहू बोली, 'हैं, इतने दिन बीत गए? आप कहती हैं, तो बीते ही होंगे। चलो, आज अधिक समय लगाकर कुछ कमी पूरी करते हैं।'

लक्ष्मी ने पहले हुंकार भरी, फिर बोली, 'मझली बहू, मुझे क्या हुआ, क्या नहीं हुआ, तुमने भी इसकी खबर लेने की जरूरत नहीं समझी।'

मझली बहू बोली, 'मैं अपना कुसूर मानती हूं, मुझे आपकी खोज-खबर लेनी चाहिए थी, किंतु क्या आप मानेंगी कि अकेली जान और घर-गृहस्थ के सौ काम। कुछ याद नहीं रहा और समय भी नहीं मिला।'

मझली बहू की विनम्रता और विवशता की स्वीकृति से लक्ष्मी प्रसन्न हो उठी। वस्तुत: अपने थोथे अहंकार के कारण ही वह इधर नहीं आई, जबकि जाने के लिए प्रतिदिन अकुलाती रही है। लक्ष्मी एकदम अकेली है, घर में ही नहीं, अपितु पूरे गांव में मझली बहू को छोड़कर ऐसी कोई दूसरी स्त्री नहीं, जिससे वह एक घड़ी बातचीत कर सके।

चित्रों को देखने में मग्न लड़के को आवाज देकर लक्ष्मी ने कहा, 'निखिल बेटे, जरा मेरे पास आना।'

लड़के के आने पर लक्ष्मी ने अपने बक्से से सोने की पतली-सी चेन निकालकर उसके गले में डाल दी और बोली, 'जाओ बेटे, खेलो-कूदो।'

कमला गंभीर स्वर में बोली, 'जीजी, यह आपने क्या किया?'

हंसती हुई लक्ष्मी बोली, 'अरे, बच्चे तो साझा होते हैं।'

कमला ने कहा, 'क्या आप समझती हैं कि आप देंगी और लड़का ले लेगा?'

'क्या, तुम्हारे बच्चे को एक चेन देने का अधिकार भी मुझे नहीं है?'

'मैं यह सब नहीं जानती, किंतु मैं अपने बेटे को आपसे चेन लेने की अनुमति नहीं दे सकती।' फिर बच्चे से बोली, 'निखिल, चेन उतारकर ताईजी को लौटा।'

लक्ष्मी की ओर उन्मुख होकर मझली बहू बोली, 'जीजी, हम गरीब अवश्य हैं, किंतु भिखारी नहीं हैं। किसी का कुछ देखकर मुंह मारना हमारे स्वभाव में नहीं है।'

लक्ष्मी अपने को अपमानित अनुभव करती हुई सोचने लगी, 'अच्छा होता कि धरती फट जाती और मैं उसे समा जाती।'

जाते समय लक्ष्मी ने कहा, 'मैं इसकी चर्चा अपने पति से अवश्य करूंगी।'

'मैं उनकी बहुत सारी बातें सुनती रहती हूं, मेरी एक बात वह सुन लेंगे, तो आकाश नहीं गिर पड़ेगा।' कमला ने कहा।

'ठीक है, आजमा कर देखना पड़ेगा।' थोड़ी देर बाद लक्ष्मी फिर बोली, 'मझली बहू, इस प्रकार मेरा अपमान करना तुम्हें शोभा नहीं देता। यदि मैं चाहूं तो तुम्हें इसका दंड स्वयं मैं भी दे सकती हूं।'

दुर्लभ ई. साहित्य कार्नर

मझली बहू बोली, 'आप बेकार में नाराज हो रही हैं, अन्यथा मैंने न तो आपका अपमान किया है और न ही मेरा ऐसा कोई इरादा है, किंतु यदि आप समझ सकतीं तो समझ जातीं कि मैंने आपको अपने पति का अपमान करने से बचा लिया है। मुझे अच्छा नहीं लगता। इसलिए मैं अधिक नहीं बोलती।'

इसके बाद लक्ष्मी उठकर चलने को तैयार हो गई। जाने से पहले वह बोली, 'मैं इस चेन के मूल्य के बारे में तो कुछ नहीं कहती, किंतु फिर भी यह अवश्य कहूंगी कि मैंने प्यार से बालक के गले में डाली थी, न कि इस इरादे से कि इससे तुम्हारे पति का आर्थिक संकट दूर हो जाएगा। धनी लोगों द्वारा गरीबों की सहायता का अर्थ उनका अपमान करना तो नहीं होता। पता नहीं, तुम्हें ऐसी सीख किसने दी है? क्या अमीर लोग प्यार करना नहीं जानते? क्या उनमें मानवता नहीं होती? मैंने अपने पति से बात की, तो तुम्हें हाथ जोड़ने और पैरों पड़ने पर भी शायद क्षमा नहीं मिल सकेगी।'

मझली बहू हंसकर बोली, 'जीजी, आप मेरी चिंता मत कीजिए, अपने दिल का गुबार निकालकर अपने को हलका कर लीजिए।'

❏❏

बाढ़ के पानी से बांध टूटने का एक बार आरंभ हो जाने पर किसी को शायद यह अनुमान नहीं होता कि पानी का तीव्र प्रवाह इतने थोड़े समय में इतना भयंकर उपद्रव कर सकता है। हरिलक्ष्मी द्वारा पति से की गई शिकायत की भी यही स्थिति थी। कमला और विपिन के विरुद्ध अपनी शिकायतों की चर्चा समाप्त करने पर परिणाम की कल्पना से लक्ष्मी स्वयं ही कांप उठी। लक्ष्मी कभी मिथ्या-भाषण नहीं करती, करना भी चाहे तो भी अपनी शिक्षा-दीक्षा तथा आचार-परंपरा के कारण ऐसा नहीं कर सकती, परंतु आज क्रोध के आवेश में पति से देवरानी के विरुद्ध शिकायत करते समय उसने काफी कुछ बढ़ा-चढ़ाकर कहा था।

इस विषय में उसका मानना था कि पति से उपेक्षित कराए जाने की दृष्टि से उसके लिए थोड़ा-बहुत नमक-मसाला लगाना आवश्यक था। हां, एक बात का उसे अवश्य दुख था कि वह अपने पति के स्वभाव से ठीक से परिचित नहीं थी। शिवचरण केवल निष्ठुर व्यक्ति ही नहीं था,

दुर्लभ ई. साहित्य कार्नर

अपितु प्रतिशोध लेने में भी अत्यंत कठोर एवं निर्मम था। उसकी प्रतिहिंसा विरोधी को मिलने वाले कष्ट की सीमा को जानती ही नहीं है। शिवचरण ने तत्काल फूं-फां नहीं दिखाई। वह गंभीर स्वर में बोला, 'पांच-छह महीनों में ही उन्हें अपनी करनी का फल भुगतना पड़ेगा, विश्वास रखो, साल नहीं बीतने दूंगा।'

लक्ष्मी के दिल में अपमान और प्रतिशोध की ज्वाला धधक रही थी। वह देवरानी को उसके अनुचित व्यवहार का पाठ पढ़ाना तो चाहती थी, परंतु शिवचरण द्वारा प्रकट की गई प्रतिक्रिया से वह अत्यधिक चिंतित एवं व्यथित हो उठी। उसे अपनी ओर से किसी भारी गलती के हो जाने का दुख घेरने लगा।

कुछ दिन बीतने पर हरिलक्ष्मी ने मुस्कराते हुए पूछा, 'क्या आप लोगों ने उनके विरुद्ध कुछ किया भी है या नहीं?'

शिवचरण के 'किन लोगों के बारे में', पूछने पर लक्ष्मी ने कहा, 'विपिन और मझली बहू के बारे में।'

खिन्न स्वर में शिवचरण बोला, 'मेरे जैसा साधारण व्यक्ति किसी का भला क्या बना-बिगाड़ सकता है।'

'आप कहना क्या चाहते हैं?'

शिवचरण बोला, 'मझली बहू सबसे बोलती फिरती है, इस देश में राज्य तो फिरंगियों का है, जेठजी का राज्य थोड़े है।'

अप्रसन्न हुई लक्ष्मी बोली, 'उसकी यह हिम्मत?'

'इसमें हिम्मत की क्या बात है?'

लक्ष्मी ने कहा, 'मैं नहीं मानती कि मझली बहू ने ऐसा कुछ कहा है, ऐसा कहना उसके स्वभाव में ही नहीं है। वह काफी समझदार है। मेरे विचार में किसी ने उसका नाम लेकर झूठ-मूठ आपके कान भर दिए हैं।'

शिवचरण बोला, 'पता नहीं, तुम्हें विश्वास क्यों नहीं आ रहा है, जबकि मैंने अपने कानों से उसे ऐसा कहते सुना है।'

विश्वास न होने पर भी पति का मन रखने के लिए क्रोध दिखाती हुई लक्ष्मी बोली, 'ऐसी मूर्खता और इतना अहंकार? मुझे तो जो कहा,

सो कहा, आपके सामने ऐसी धृष्टता। आपका तो उसे लिहाज करना चाहिए था।'

'हिंदुओं के घरों में प्राय: यही प्रचलन है, फिर तुम्हारी देवरानी तो सुशिक्षित विदुषी है, किंतु मैं अपने अपमान का बदला लेकर ही चैन की सांस लेता हूं। एक काम से बाहर जा रहा हूं।' कहता हुआ शिवचरण बाहर चला गया। शिवचरण के सामने अपनी बात रखने का लक्ष्मी को समय ही नहीं मिला। इसलिए वह अत्यधिक परेशान हो उठी।

बाहर जाकर शिवचरण ने विपिन को बुलाकर डांटते हुए कहा, 'मैं तुम्हें पांच-सात वर्षों से अपने पशुओं को यहां से हटाने को कहता आ रहा हूं, किंतु तुम्हारे कानों में जूं तक नहीं रेंगती। तुमने मेरा जीना हराम कर रखा है।'

आश्चर्य प्रकट करता हुआ विपिन बोला, 'मैं तो पहली बार आपसे यह सुन रहा हूं।'

'इससे पहले मैंने यह बात तुमसे अधिक नहीं, तो दस बार अवश्य कही होगी। तुम्हें कुछ भी स्मरण नहीं, यह मैं नहीं जानता और यह भी तुम्हें बताना चाहता हूं कि मेरे जैसे जमींदार के सुने को अनसुना करने का परिणाम सुखद नहीं होगा। फिर तुम्हें यह भी तो सोचना चाहिए कि दूसरों के स्थान पर इतने दिनों तक अपने पशुओं को बांधने का अर्थ उस स्थान को अपने अधिकार में करने की चेष्टा ही कही जाएगी। अब इसे अंतिम चेतावनी समझो और आजकल में अपना ताम-झाम समेटकर इस स्थान को खाली कर दो।'

विपिन को झगड़ा-फसाद करने की आदत नहीं है। वह अपने पिता के समय से ही अपने पशु यहां बांधता आया है, इसलिए वह इस स्थान को अपनी संपत्ति ही मानता है। शिवचरण के वचन का प्रतिवाद किए बगैर ही विपिन चुपचाप अपने घर को चला गया।

घर में आकर विपिन ने शिवचरण के आदेश से अपनी पत्नी को परिचित कराया तो कमला बोली, 'न्यायालय का द्वार खटखटाओ। जेठजी ही तो इस देश के राजा नहीं हैं।'

विपिन भली प्रकार जानता था कि अंग्रेजी राज्य में सबको न्याय मिलने की कितनी डुगडुगी क्यों न पीटी जाए, किंतु सच यह है कि

गरीब के लिए कहीं कोई स्थान नहीं। भैंस उसी की होती है, जिसके हाथ में लाठी होती है। दूसरे दिन शिवचरण के नौकरों ने टूटी-फूटी पुरानी गौशाला को तोड़कर बड़े बाड़े में मिला दिया। विपिन ने शिवचरण के इस अन्याय के विरुद्ध थाने में रिपोर्ट दर्ज कराई, किंतु जमींदार की नई दीवार बनकर तैयार हो गई। पुलिस ने उसके विरुद्ध कोई कार्यवाही नहीं की। विपिन की पत्नी ने अपने हाथ की चूड़ियां बेचकर प्राप्त धन-राशि से अदालत में मुकदमा दायर किया। यहां भी उसे मुंह की खानी पड़ी। सोने की चूड़ियों को गंवाने का दुख और जुड़ गया।

विपिन की दूर की बुआ ने विपिन और कमला की भलाई को ध्यान में रखते हुए उन्हें सलाह दी कि मझली बहू को अपनी जेठानी के पास जाकर अपनी गलती के लिए क्षमा मांग लेनी चाहिए। इस प्रकार दोनों भाइयों में फिर से सद्भाव बन जाएगा, किंतु कमला को यह सुझाव पसंद न आया। वह बोली, 'बुआजी, शेर के आगे हाथ जोड़कर खड़े होने का क्या लाभ? प्राण तो वैसे भी जाने हैं, फिर अपमानित होकर प्राण क्यों गंवाए जाएं?'

हरिलक्ष्मी ने भी यह सब सुना, किंतु उसने अपनी कोई प्रतिक्रिया प्रकट नहीं की।

जलवायु परिवर्तन के लिए काशी गई लक्ष्मी जब से लौटी है, एक दिन के लिए भी पूर्ण स्वस्थ नहीं रही। मझली बहू से मनमुटाव के एक महीने बाद, उसने फिर से चारपाई पकड़ ली। कुछ दिनों तक गांव के वैद्यों का इलाज होता रहा, किंतु उससे कोई लाभ नहीं हुआ, तो डॉक्टर की सलाह से दोबारा जलवायु-परिवर्तन के लिए बाहर जाने की तैयारी की जाने लगी।

अनेक कार्यों में व्यस्त होने से शिवचरण पत्नी के साथ न जा सका। जाने से पहले लक्ष्मी अपने पति से एक बात कहने के लिए अकुलाती रह गई, किंतु वह यह सोचकर नहीं कह सकी, क्योंकि उसे पक्का विश्वास था कि इस आदमी के शब्दकोश में दया, ममता, कृपा जैसे शब्द हैं ही नहीं।

❑❑

हरिलक्ष्मी को पूर्ण स्वस्थ होने में इस बार कुछ अधिक समय लग गया। वह एक वर्ष के पश्चात अपने गांव बेलपुर लौटी। जमींदार की लाड़ली पत्नी होने के साथ घर की मालकिन के लिए प्रजाजनों की स्त्रियों का स्वागत में आना और कुशलक्षेम पूछना स्वाभाविक था। छोटी स्त्रियों ने लक्ष्मी के पांव छूए तो बड़ी-बूढ़ियों ने आशीर्वाद दिए, शुभकामनाएं प्रकट कीं। इस प्रकार घर लौटने पर आनंद प्रकट किया। विपिन की पत्नी नहीं आई। उसके न आने का लक्ष्मी को पहले से पता था। उसने न तो किसी स्त्री से मझली बहू के बारे में कुछ पूछा और न ही उन लोगों पर चल रहे फौजदारी व दीवानी मुकदमों के परिणाम जानने में कोई उत्सुकता दिखाई।

शिवचरण बीच में पत्नी से मिलने जाता रहता था। लक्ष्मी उससे इन लोगों के बारे में जानने को उत्सुक रहती थी, किंतु फिर भी उसने कभी अपना मुंह नहीं खोला था। कारण स्पष्ट था। लक्ष्मी को पूरा विश्वास था कि उसके पति ने अब तक इन लोगों को पूरी तरह से बरबाद कर ही दिया होगा। उनके दुख-कष्ट के लिए स्वयं को उत्तरदायी मानने वाली लक्ष्मी यह दिखाना चाहती थी, मानो वह विपिन व कमला आदि को भूल चुकी है। इस प्रकार की तुच्छ बातों पर ध्यान देने का न उसका स्वभाव है और न ही उसके पास समय है। इधर शिवचरण ने भी उनके संबंध में कोई जानकारी देना आवश्यक नहीं समझा। उसने सोचा कि घर लौटने पर लक्ष्मी को अपने आप सब कुछ मालूम हो जाएगा।

बुआजी के बार-बार अनुरोध करने पर काफी दिन चढ़े लक्ष्मी स्नान से निवृत्त हुई तो बुआजी बोली, 'बेटी, अभी तुम्हारा शरीर पूर्ण स्वस्थ नहीं है, अतः तुम भोजन के लिए नीचे रसोईघर में मत जाओ, मैं ब्राह्मणी को तुम्हारे लिए यहीं थाली लाने को कहती हूं।'

हठ करती हुई लक्ष्मी बोली, 'अब मैं पूर्ण स्वस्थ हूं, मैं नीचे जाकर ही खा लूंगी। ऊपर लाने की कोई आवश्यकता नहीं।'

बुआजी बोली, 'बेटी, मैं क्या करूं, शिब्बू ने तुम्हारा नीचे-ऊपर आना मना कर रखा है।'

बुआजी के आदेश से दासी ने स्थान साफ करके आसन बिछा दिया और फिर मिसरानी भोजन की थाली लेकर उपस्थित हुई। आसन पर

बैठती हुई लक्ष्मी ने पूछा, 'यह नई मिसरानी कौन है?'

हंसती हुई बुआ बोली, 'बिटिया, क्या तुमने पहचाना नहीं, यह अपनी मझली बहू ही तो है।'

हक्का-बक्का बनी लक्ष्मी समझ गई कि उसके पति ने पूरा प्रतिशोध ले लिया है और ऐसा आश्चर्यजक समाचार देने के उद्देश्य से अब तक उसे अनजान बनाए रखा गया है। कुछ देर में अपने को संभालकर लक्ष्मी कमला के विषय में कुछ और जानने की उत्सुकता से बुआ के मुख की ओर देखने लगी।

बुआ बोली, 'विपिन के परलोक सिधारने का तो तुम्हें पता चल ही गया होगा?'

लक्ष्मी इस तथ्य से एकदम अनजान थी, किंतु थाली परोसने आई महिला की वेशभूषा इस तथ्य को स्पष्ट कर रही थी कि मझली बहू विधवा है। इसलिए लक्ष्मी ने सिर हिलाकर कहा, 'हां।'

शेष विवरण सुनाती हुई बुआ बोली, 'घर में जो कुछ था, सब मुकदमे में स्वाहा हो गया। अब ऋण चुकाने के लिए एक मकान ही बचा था। मुझ जैसी शुभचिंतकों ने कमला को सुझाव दिया कि लड़के के सिर छिपाने के लिए मकान तो बचा ले। हमारी सलाह मानकर वह ऋण के भुगतान के लिए दासी बनने को तैयार हुई है।'

लक्ष्मी ने जब यह सुना तो उसकी आंखें फटी रह गईं। बुआ ने अपने गले को कोमल बनाकर कहा, 'मैंने कमला को एक और सलाह भी दी थी। मैंने उसे तुम्हारे पास काशी जाकर क्षमा-याचना और बच्चे को तुम्हारे चरणों में डालकर उसके लिए अभय मांगने की और शरण देने की प्रार्थना करने को कहा था।' कहती हुई बुआ रो पड़ी और बोली, 'मझली बहू कुछ निर्णय नहीं कर सकी कि इसका कुछ सुपरिणाम निकेलगा अथवा नहीं।'

हरिलक्ष्मी देवरानी की दुर्दशा के लिए अपने को उत्तरदायी मानकर व्याकुल हो उठी। उसका मन खिन्न और व्याकुल हो गया, खाने की रुचि जाती रही। बुआजी के किसी काम से आंख से ओझल होते ही लक्ष्मी ने सारा खाना इधर-उधर बिखेर दिया। लौटकर बुआ ने यह सब देखा तो वह चिल्लाकर कमला को आवाज देने लगी। उसके आने पर

दुर्लभ ई. साहित्य कार्नर

बुआ क्रुद्ध स्वर में बोली, 'विपिन की बहू, क्या खाना बनाना नहीं आता ? देख तो बिटिया ने एक कौर भी मुंह में नहीं डाला। इस तरह कैसे काम चलेगा ?'

बेचारी कमला कुछ न बोल सकी, किंतु लक्ष्मी तो पग-पग पर अपमान भोग रही इस निर्दोष महिला के सामने अपने को अत्यंत लज्जित तथा तुच्छ अनुभव करने लगी।

डांटती हुई बुआजी बोली, 'नौकरी करनी है तो साग-सब्जी और दाल-भात बनाने में सावधानी बरतनी होगी। सजग रहकर सब काम निपटाना होगा, समझी या नहीं ?'

रुंधे स्वर में विपिन की पत्नी बोली, 'बुआजी, अपनी ओर से तो पूर्ण सजग रहती हूं, सब काम ठीक ढंग से करती हूं। समझ नहीं आता कि कहां गड़बड़ हो जाती है।'

लक्ष्मी ने कहा, 'बुआजी, खाने में कोई दोष नहीं है, मेरा मन ही स्थिर नहीं है, इसलिए मुझसे खाया नहीं जा रहा। उस बेचारी पर क्यों बेकार बरस रही हो ?'

मुंह-हाथ धोकर अपने कमरे में पहुंची लक्ष्मी का अकेले में दम घुटने लगा। वह सोचने लगी कि विपिन की बहू के लिए भले ही इस घर में नौकरी करना चल सके, किंतु उसके लिए गृहिणी-पद पर प्रतिष्ठित रहना कैसे संभव है ? विपिन की बहू अपनी दुर्दशा के लिए अपने पूर्वजन्मों के कर्मों को उत्तरदायी मान सकती है, किंतु मैंने तो अपने दुर्भाग्य को स्वयं आमंत्रित किया है। मैं किस प्रकार शांति से यह सब सहन कर सकती हूं ?

रात्रि में लक्ष्मी के लिए पति से बातचीत करना तो दूर रहा, आंख उठाकर उनकी ओर देखा तक न गया। वह अपने पति को पिशाच मानने लगी, जिसे एक निर्दोष विधवा को अपने घर पर ही दासी बनाकर अपमानित करने में जरा भी संकोच नहीं हुआ। ऐसे नर-पशु से वह दया की भीख मांगने को अपनी मूर्खता मानने लगी। वह जानती है कि उसका पति उसकी प्रार्थना को ठुकराएगा नहीं। वह यह भी जानती है कि उसकी विनती बेचारी कमला के भाग्य को बदल सकती है, फिर भी वह अपने पति से कुछ कहने का विचार न बना सकी। शिवचरण ने

दुर्लभ ई. साहित्य कार्नर

पूछा, 'क्या मझली बहू से मिली हो? वह भोजन कैसा बनाती है?'

बिना कुछ बोले लक्ष्मी सोचने लगी कि स्वामी कहलाने वाले इस नर-पशु के साथ उसने अपना पूरा जीवन बिताना है। वह भगवान से प्रार्थना करने लगी, 'क्या मेरे लिए आपके लोक में स्थान नहीं है?'

दूसरे दिन प्रात: लक्ष्मी ने दासी के द्वारा बुआजी को सूचित किया कि तबियत ठीक न होने के कारण आज वह कुछ भी नहीं खाएगी।

कमरे में आकर बुआजी ने प्रश्नोत्तर से लक्ष्मी के नाक में दम कर दिया। जांच-परख के बाद बुआ बोली, 'तुम्हें कोई ताप-वाप नहीं है, तुम ठीक-ठाक हो, फिर क्यों खाना-पीना नहीं चाहती हो?'

लक्ष्मी बोली, 'मैं अस्वस्थ हूं और उपवास करना चाहती हूं।' डॉक्टर के आने पर उसे लक्ष्मी ने यह कहकर बाहर से ही विदा कर दिया, 'आपके उपचार से जब मुझे कोई लाभ ही नहीं होता, तो फिर आपसे परामर्श का क्या लाभ?'

शिवचरण ने काफी पूछताछ की, किंतु लक्ष्मी ने उसे भी कोई संतोषजनक उत्तर नहीं दिया।

और भी दो-चार दिन लक्ष्मी के कुछ न खाने-पीने पर घर में बेचैनी और परेशानी फैल गई। सब लोग नाना प्रकार की आशंकाएं प्रकट करने लगे।

एक दिन तीसरे पहर गुसलखाने से मुंह-हाथ धोकर हरिलक्ष्मी दबे पांव अपने कमरे में लौट रही थी कि बुआजी की दृष्टि उस पर पड़ गई और वह चिल्ला उठी, 'देखो बहूरानी, विपिन की बहू की करतूत देखो, अब यह इस घर में चोरी भी करने लगी है।'

लक्ष्मी समीप आकर खड़ी हो गई। विपिन की बहू सिर झुकाए धरती पर बैठी थी। उसके पास ही अंगोछे में ढकी एक थाली थी। अंगोछा उठाकर दाल-भात दिखाती हुई बुआ बोली, 'क्या एक जने का खाना है? घर में लड़के को खिलाने के लिए भी यहां से चुराकर लिए जा रही है। इसे मैंने घर न ले जाने के लिए कितनी बार रोका है। बाबू के कान में कहीं भनक पड़ गई तो, फिर बहूरानी, आप ही मालकिन हो, आप ही इसका न्याय कीजिए।' कहकर बुआ एक ओर हट गई।

बुआजी का कोलाहल सुनकर घर के सभी नौकर वहां आ जुटे थे।

उन सबके बीच बैठी थी रंगे हाथों पकड़ी गई मझली बहू और सामने खड़ी थी, गृहस्वामिनी लक्ष्मी।

हरिलक्ष्मी को स्वप्न में भी इस बात का अनुमान नहीं था कि इस छोटी-सी बात का इतना बतंगड़ बन सकता था। मां द्वारा बच्चे के लिए रोटी ले जाने को भी चोरी का नाम दिया जा सकता था, यह सोचकर लक्ष्मी 'टप-टप' आंसू बहाने लगी। इस सारी स्थिति के लिए वह अपने को उत्तरदायी मानने लगी। वह अपने को अपराधिनी और विपिन की बहू को न्यायाधीश के पद पर देखने लगी।

दो-तीन मिनटों की जड़ता के बाद हरिलक्ष्मी ने दृढ़ स्वर में सभी दास-दासियों और बुआजी को वहां से चले जाने का आदेश दिया।

सबके चले जाने पर विपिन की बहू के साथ धरती पर बैठी लक्ष्मी ने अपने हाथ से मझली बहू का सिर ऊपर उठाया और मधुर स्वर में बोली, 'मझली बहू, आज से तुम मुझे अपनी सगी बहन समझना।' यह कहकर लक्ष्मी अपने आंचल से कमला के आंसू पोंछने लगी।

❑❑❑

बोझ

सागरपुर गांव में सप्ताह-भर समारोह और उत्सव की ऐसी धूमधाम है, जैसी चार-पांच कोस तक के गांवों के लोगों ने आज तक कभी देखी-सुनी नहीं है। ढोल-बाजों, नौबत-नगाड़ों और कांसे के स्वर-तालों तथा छेनों के दिन-रात हो रहे मधुर संगीत में सारा क्षेत्र आनंदमय हो उठा है। दिन-रात हो रहे इस कोलाहल से गाय, बछड़े जैसे पशु विचलित हो उठे थे, क्योंकि उनकी शांति भंग हो गई थी, किंतु मनुष्यों के लिए तो यह बढ़िया मनोरंजन था।

यह आयोजन सागरपुर के जमींदार श्री हरदेव मित्र के इकलौते चौदह साला नाबालिक लड़के के विवाह के उपलक्ष में किया जा रहा था। वर सत्येंद्र कार के पिता जमींदारी से पच्चीस-छब्बीस हजार वार्षिक आय वाले संपन्न एवं प्रतिष्ठित महानुभाव हैं। छोटी आयु के बालक के विवाह का कारण था लड़के की मां का यथाशीघ्र बहू का मुंह देखने की उत्कट इच्छा।

सत्येंद्र बाबू का विवाह वर्द्धमान जनपद के अंतर्गत दिलजानपुर इलाके के जमींदार श्री कामाख्याचरण चौधरी की छोटी पुत्री सरला के साथ हुआ। सुंदर-सलौनी पत्नी को पाकर सत्येंद्र बहुत प्रसन्न है।

दस वर्षीया, गोरी-चिट्टी, रूपवती एवं आकर्षक बहू को पाकर सत्येंद्र की मां की प्रसन्नता का भी कोई अंत नहीं था। हरदेव मित्र ने अपनी इच्छा के विरुद्ध प्रथा के अनुसार विवाह के दूसरे वर्ष बहू को मायके भेज दिया। सत्येंद्र की मां का दृढ़ विश्वास था कि विवाहित महिला का अपना घर ससुराल है। मायके में उसके जाने का तो कोई औचित्य ही नहीं।

सत्येंद्र की पढ़ाई के कारण हरदेव बाबू को अपनी पत्नी के साथ

कलकत्ता में ही रहना पड़ता था। अत: सरला को भी कलकत्ता लाया गया था। छोटी बच्ची होने के कारण सरला अपने ससुर से भी बोल लेती थी। इतना ही नहीं, पति की उपस्थिति में सास से भी बातचीत कर लेती थी। बहू का यह आचरण लीक से हटकर होने पर भी सास के लिए आनंददायक ही था।

कुछ दिनों के बाद सरला के पिता कामाख्या बाबू लड़की को अपने घर ले गए। दो-एक महीनों के बाद सत्येंद्र ने किताबों की धूल झाड़ने और दवात में स्याही डालने की व्यवस्था न होने की शिकायत की, तो मां ने बेटे की मानसिकता को समझकर अपने पति से बात की और फिर जमींदार साहब ने बहू को लिवा लाने के लिए आदमी भेज दिया और सरला ससुराल आ गई।

सत्येंद्र के सभी छोटे-बड़े काम, किताबों की झाड़-पोंछ, कॉलेज जाने से पहले वस्त्र तैयार रखना, कफों में ठीक बटन डालना आदि सरला ही निबटाती थी। सरला इस बात का ध्यान रखती थी कि सत्येंद्र अपने दोनों पैरों में एक ही जूते पहनकर कॉलेज जाए और धोबी की मूर्खता के कारण उसे फटा दुपट्टा न पहनना पड़े।

सरला के मायके चले जाने पर स्वभाव से लापरवाह सत्येंद्र से इस प्रकार की गलतियां हो जाया करती थीं और उसे उपहास का पात्र बनना पड़ता था। वस्तुत: सत्येंद्र के ये सभी काम केवल सरला ही ठीक ढंग से कर पाती थी, किसी और के द्वारा कुछ किए जाने पर सत्येंद्र संतुष्ट ही नहीं होता था। अत: सरला को मायके से ससुराल लाना आवश्यक हो गया था।

❑❑

सरला की बड़ी बहिन सुशीला के पुत्र के अन्नप्राशन के अवसर पर कामाख्या बाबू अपनी छोटी बेटी को ले जाने के लिए कलकत्ता आए।

सुशीला ने जीजा के साथ अपनी जीजी के आने के लिए विशेष अनुरोधपूर्ण पत्र भी लिखा है। सुशीला ने पिछले तीन साल से दिलजानपुर न गई सरला से मिलने की अपनी उत्सुकता भी प्रकट की है। सत्येंद्र के चलने के सहमत हो जाने पर कामाख्या बाबू आनंदित हो उठे और लड़की व दामाद के साथ खुशी-खुशी रवान हो गए।

सरला की मां भी तीन साल के बाद लड़की और दामाद से मिलकर अत्यधिक प्रसन्न हो उठी। सुशीला ने तो उन दोनों—सत्येंद्र और सरला के पधारने पर उनका हार्दिक स्वागत ही नहीं किया, अपितु अत्यंत चाटुकारिता-भरे वचनों से आभार प्रकट करके उन्हें प्रफुल्लित भी कर दिया।

शुभ संस्कार के निबट जाने के उपरांत सत्येंद्र के जाने की इच्छा प्रकट करने पर सरला की मां ने विशेष खुशामद और अनुरोध के साथ कुछ दिन और रुकने का आग्रह किया। सरला ने भी मां का साथ दिया और अपने पति से रुकने को कहा तो सत्येंद्र भी मान गया।

दो-चार दिन बाद सत्येंद्र द्वारा जाने की अनुमति मांगे जाने पर सरला और उसकी मां द्वारा फिर खुशामद की गई, परंतु सत्येंद्र की पढ़ाई-लिखाई की हो रही हानि को देखते हुए उसे जाना ही था। परीक्षा की तिथि निकट आ रही थी। अत: सत्येंद्र ने जाने की ठान ली। सरला ने जाते हुए सत्येंद्र से पूछा, 'मुझे लिवा जाने के लिए आप कब आएंगे?'

'जब तुम्हारा जाने का मन हो तो बता देना।'

सरला बोली, 'और कब बताना है? आप दस-बारह दिनों के बाद मुझे ले जाइएगा।'

सत्येंद्र को सरला के इतना शीघ्र लौटने की आशा नहीं थी, अत: वह बहुत प्रसन्न हो गया।

आंखों में आंसू भरकर पति को विदा करती हुई सरला विनम्र और मधुर शब्दों में बोली, 'एक तो आप मेरी चिंता में मत घुलते रहिएगा और दूसरे रात-भर पढ़ने में अपनी आंखें खराब मत कर लीजिएगा।' रात के दस बजे के बाद न पढ़ने के लिए तो सरला ने सत्येंद्र को अपने सिर को कसम से बांध दिया। सत्येंद्र खाली और उदास मन लिए लौट गया।

घर आने पर एक दिन सत्येंद्र एक पुस्तक पढ़ने बैठा तो मन उड़कर किसी और स्थान पर चला गया था। पुस्तक को बंद करने से पहले सत्येंद्र को हिसाब लगाने पर पता चला कि उसने इतने समय में केवल छब्बीस पंक्तियां—एक-डेढ़ पृष्ठ ही पढ़ा है। अपनी इस स्थिति पर गंभीर होकर वह सोचने लगा कि इसी प्रकार चलता रहा, तो इसका

दुर्लभ ई. साहित्य कार्नर

परिणाम क्या निकलेगा? चिंता ने चिंतन का रूप ले लिया और दुख क्रोध में बदल गया।

वह अपनी पत्नी सरला पर झुंझलाने लगा। यदि सरला उसके साथ लौट आती तो पिछले पांच दिनों से उसका मन इस प्रकार बिदका न रहता। पहले मेरी सोच थी कि श्रह मेरी पढ़ाई में बाधा डालती है। दस बजे के बाद मुझे न पढ़ने के लिए जबरदस्ती लैंप बुझा देती है, उसे कहीं भेज देने पर ही मैं ठीक से पढ़ सकूंगा, किंतु अब तो स्थिति एकदम उलट लगती है। कल ही सरला को बुलवाता हूं। यदि लज्जा के चक्कर में पड़ा रहा तो मेरा असफल होना निश्चित हो जाएगा।

अब सत्येंद्र की चिंता का विषय था, सरला को बुलवाने का कोई उपाय खोज निकालना। सीधे-सीधे मां-बाप से कहना अशिष्टता थी। वे व्यंग्य में कह सकते थे, 'दो दिनों में ही...'

इतने में नौकर द्वारा लाकर दिए तार को लिफाफा खोलकर सत्येंद्र ने पढ़ा, तो उसका कलेजा धक् से रह गया। सरला की बीमारी के समाचार से उसका दिमाग चकराने और दिल धड़कने लगा।

सत्येंद्र अपने पिता के साथ उसी दिन दिलजानपुर रवाना हो गया। घर पहुंचने और कामाख्या बाबू से भेंट होने पर हरदेव बाबू ने ऊंची आवाज में पूछा, 'बहूरानी की तबियत कैसी है?'

कमरे में जाने पर हरदेव बाबू को स्पष्ट पता चल गया कि हैजे का प्रकोप है। सरला हड्डियों का ढांचा मात्र रह गई थी। यहां तक कि पहचान में ही नहीं आती थी। कमल की तरह खिला रहने वाला चेहरा कुम्हलाकर काला स्याह पड़ गया है। और आंखें गड्ढों में धंस गई हैं। सत्येंद्र ने थरथराती आवाज दी, 'सरला! क्या हुआ है तुझे, तूने यह कैसी सूरत बना रखी है?'

सरला ने अपने पति के चिर-परिचित मधुर स्वर को सुना, तो आंखें खोलीं। पति से मजाक करने के अपने सामान्य स्वभाव के कारण वह हंसती हुई बोली, 'क्या लेने आए हैं आप?'

सरला की दशा देखकर सत्येंद्र का दिल बुझ गया। उसके लिए अपने को संभालना कठिन हो गया, अतः वह बिलखने और आंसू बहाने लगा।

सत्येंद्र को मालूम था कि रोगी के सामने रोना ठीक नहीं होता, परंतु अपने भावों पर काबू पाना भी तो कोई आसान काम नहीं है। अपने किसी प्रियजन की इस विवश स्थिति को देखने का सत्येंद्र का यह पहला अवसर था। अत: उसके लिए धीरज धरना कठिन हो रहा था। सरला ने अपने पति को पहली बार रोते हुए देखा तो प्यार से झिड़कते हुए वह बोली, 'मर्द होकर रोते हो ? आपको ऐसी विह्वलता शोभा नहीं देती।'

आंसू पोंछते हुए सत्येंद्र बोला, 'जब दिल दुखी है तो आंसुओं को रोकना कैसे संभव है ? क्या रोने पर स्त्रियों का एकाधिकार है ? पुरुष के मन के भीतर कैसी भी ज्वाला क्यों न धधकती हो, तो क्या उसे अपनी वेदना प्रकट करने का अधिकार नहीं है। क्या पुरुष रोने से स्त्री बन जाता है ? सरला, तेरी इस व्यवस्था से मैं सहमत नहीं हूं।'

पति के हाथ को अपने हाथ में लेकर उसे दबाते हुए सरला ने पूछा, 'आपको पुनर्जन्म में विश्वास है या नहीं ?'

सत्येंद्र बोला, 'पहले मानने–न–मानने की बात छोड़ो, तुम अपनी कहो, आगे से मानूंगा।'

सरला के चेहरे पर मुस्कान बिखर गई।

रोगी को औषधि पिलाने का समय हो जाने पर डॉक्टर बाबू के साथ कामाख्या बाबू और हरदेव महाशय ने कमरे में प्रवेश किया।

डॉक्टर ने नाड़ी–परीक्षण के बाद कहा, 'स्थिति गंभीर है, बचने की कोई आशा नहीं है। ईश्वर के चमत्कार की बात अलग है।'

शाम को हरदेव बाबू अपने बेटे को साथ कलकत्ता लौट गए।

❏❏

पत्नी के साथ सुख–भोग में बिताए दिनों के बीते समय की अथवा मधुर स्वप्न की स्मृति शेष रह जाने वाले किसी भी व्यक्ति का दुखी एवं विचलित होना सर्वथा स्वाभाविक ही होता है। सत्येंद्र भी इसका अपवाद नहीं था। उसे भी लगता था, मानो स्वर्ग से धकेलकर उसे अकेला तड़पने को पृथ्वी पर फेंक दिया गया है। शय्या पर जीवन–सहचरी के रिक्त स्थान को देखकर उसे समझ नहीं आता कि अपने दुर्भाग्य के लिए किसे कोसे अथवा किसे दोष दे ? सुख के सागर में आनंद से डुबकियां

दुर्लभ ई. साहित्य कार्नर

लेता वह अपने को किसी मछियारे के जाल में फंस गया सा अनुभव कर रहा था। स्त्री न पाने से आधी रात को पलंग से उतरकर सत्येंद्र खिड़की के पास आ बैठा और सागरपुर के अंधकार को देखे जा रहा था। मौन खड़े पेड़-पौधे, मानो उसके साथ विचारों का आदान-प्रदान कर रहे थे।

रात की शीतल बयार सांय-सांय की ध्वनि करती हुई बह रही थी। सत्येंद्र इस वायु में भी अपने लिए कोई संदेश ढूंढ़ रहा था और वह एक ही संदेश था—मेरी सरला अब नहीं रही। क्रूर मृत्यु ने जवान होने से पहले ही उसे लील लिया। उसकी स्थिति 'सावन के अंधे को सब कहीं हरा-ही-हरा दिखना' जैसी थी। इसीलिए उसे कोयल और पपीहे की आवाज में यही सुनाई पड़ता है, वह मर गई, वह नहीं रही। पिडकुलिया भी अब बऊ बात कर, न बोलकर यही बोलती है, बऊ गई मर। सभी पक्षी इसी एक बात को स्वर दे रहे हैं। रात को ठंडी वायु भी इसी स्वर में अपना स्वर मिला रही है।

भीतर से आवाज आती है, 'सत्येंद्र, बहुत हो लिया। अब और कितने इसी प्रकार विलाप करते रहोगे? क्या तुम्हारे इस प्रकार रोने-बिलखने से सरला लौट आएगी? समझदारी तो परिस्थितियों से समझौता करने में ही है। किसी के आने-जाने से संसार के काम रुक नहीं जाते। अंधकार में देखते सत्येंद्र को लगा कि दूर आकाश में चमकता एक सितारा उसका पथ-प्रदर्शन करता हुआ उससे यह सब कह रहा है।'

सत्येंद्र इस आशंका से आंखें नहीं मीच पाता कि कहीं उसकी सरला उसकी आंखों से ओझल न हो जाए। काफी देर जागते रहने से ऊंघ लग जाती है और वहीं खिड़की के सामने कुर्सी पर बैठा-बैठा सो जाता है। प्रातःकाल आंख खुलते ही फिर प्रियतमा की छवि आंखों के सामने घूमने लगती है। अब तो उसे चांदनी भी जलाती हुई-सी लगती है। हां, क्षीण प्रकाश वाला नक्षत्र उसे अवश्य अब भी दिखाई दे जाता है।

एम.ए. की परीक्षा में असफल होने का सत्येंद्र को कोई दुख नहीं। वस्तुतः सफल होने में भी उसकी कोई रुचि नहीं रही। अब तो पढ़ने में

उसका मन भी नहीं लगता। वह सोचता है कि यदि परीक्षा उत्तीर्ण कर भी लेता तो क्या सरला मिल जाती?

हरदेव बाबू सपरिवार गांव लौट आए हैं, क्योंकि सत्येंद्र को अब कॉलेज जाना आवश्यक नहीं लगता। वह घर में बैठकर परीक्षा की तैयारी कर सकता है। उसका तो उल्टे अब यह मानना है कि नगर के कोलाहल में पढ़ाई की ही नहीं जा सकती। वस्तुतः सत्येंद्र अब पहले वाला सत्येंद्र नहीं रहा। उसका चेहरा और उसकी चाल-ढाल से पता चलता है कि वह एकदम बदल गया है। देखने वालों को ऐसा लगता है, मानो वह किसी भयंकर रोग से अभी-अभी मुक्त हुआ है।

दोपहर को सत्येंद्र कमरे का दरवाजा बंद करके सारे फोटोग्राफ्स को झाड़-पोंछकर साफ करता, अपनी पुरानी पुस्तकों पर पड़ी धूल को साफ करता, हारमोनियम को और उसके कवर को भली प्रकार पोंछता, सरला की पहले से ही साफ-सुथरी पुस्तकों पर कपड़ा लगाता। इससे निबटकर सरला को बढ़िया पैड पर पत्र पता लिखना भी नहीं भूलता था। उसका मन उसे प्रबोधित करता कि संसार में अकेले तुम ही ऐसे नहीं हो, जिसे अपनी प्रियतमा का वियोग झेलना पड़ा है। फिर प्रेम में उन्मत्त होने की भी एक सीमा होती है। किसी भी व्यक्ति को यह कभी नहीं भूलना चाहिए कि मरने वाले के पीछे कोई मर नहीं जाता। जीवित व्यक्ति को अपना जीवन फिर से प्रारंभ करना पड़ता है। अपना घोंसला टूट जाने पर, क्या पक्षी नीड़ का पुनः निर्माण नहीं करते?

सत्येंद्र की बुद्धिमती मां से बेटे की हालत देखी नहीं गई। एक दिन उसने अपने पति से कहा, 'अपने सत्येंद्र की यह स्थिति अब देखी नहीं जाती।'

'दुखी तो मैं भी हूं, किंतु किया क्या जा सकता है?'

'क्या दूसरा विवाह नहीं किया जा सकता? नई बहू के आने पर लड़के की हंसी लौट आएगी।'

पति की अनुमति पाकर भोजन करने बैठे सत्येंद्र से उसकी मां बोली, 'बेटा, मेरी एक बात मानोगे।'

सत्येंद्र के 'क्या' पूछने पर उसकी मां बोली, 'तुम्हें दूसरा विवाह करना होगा।'

दुर्लभ ई. साहित्य कार्नर

सत्येंद्र बोला, 'अब इसकी क्या आवश्यकता है?'

मां ने पहले से ही अपने रुदन से लड़के को फुसलाने की योजना बना रखी थी। 'टप-टप' आंसू गिराती हुई वह बोली, 'अभी तेरी आयु ही कितनी है? सरला की याद को भुलाना कठिन है, किंतु उसके लिए सारा जीवन उजाड़ा तो नहीं जा सकता। अभी तो इक्कीस का भी नहीं हुआ।'

दूसरे दिन हरदेव बाबू ने बेटे के दूसरे विवाह की चर्चा की तो सत्येंद्र चुप रह गया। बेटे की चुप्पी को बाप ने उसकी मौन-स्वीकृति समझ लिया।

अपने कमरे में आया सत्येंद्र सरला के चित्र के सामने आ खड़ा हुआ। सरला को संबोधित करता हुआ सत्येंद्र बोला, 'सरला, सुनती हो, ये लोग मेरा दूसरा विवाह करने जा रहे हैं।' चित्र बोलता नहीं। यदि कहीं बोलता होता तो इसके सिवा और क्या कहता, बड़ी अच्छी बात है, बधाई हो।

□□

शुभ मुहूर्त में सत्येंद्र ने कलकत्ता में सुमुखी नलिनी को देखा। लड़की रूपवती एवं आकर्षक थी, किंतु सरला को न भुला पाए सत्येंद्र ने दूसरे विवाह को भार-रूप ही माना।

विवाह के बाद दो साल तक नलिनी मायके में ही रही। सत्येंद्र की मां ने नलिनी जैसी सुंदर बहू को पाकर बेटे को सरला को भुलाने और नया जीवन जीने की सलाह दी। किंतु सत्येंद्र ऐसा न कर सका। उसे नलिनी के साथ रात-भर एक शय्या पर सोना सुहाता ही न था। नलिनी लज्जावश पति से कुछ नहीं कहती, तो सत्येंद्र उसकी चुप्पी को अपने लिए वरदान मानता है।

एक रात नींद खुल जाने पर अपनी शय्या पर नलिनी को न पाकर सत्येंद्र उठ बैठा। अंधेरे में नजर गड़ाने पर उसने खिड़की के पास नलिनी को बैठा देखा। खुली खिड़की से चांदनी भीतर कमरे में छिटकी पड़ी थी। चांदनी में चमकता नलिनी का खिला मुख सत्येंद्र को बड़ा मोहक लगा।

सत्येंद्र ने उसकी ओर कान दिए तो उसे नलिनी का रोना सुनाई दिया। सत्येंद्र के 'नलिनी' पुकारे जाने को अपना सौभाग्य मानती नलिनी कुर्सी से उठकर सत्येंद्र के पास आ बैठी।

सत्येंद्र ने पूछा, 'रोती क्यों हो ?'

नलिनी और अधिक जोर से 'टप-टप' आंसू गिराने लगी। सोलह साल की लड़की भला अपने पति द्वारा की जा रही अपनी उपेक्षा को कब तक सहन करती ? काफी देर तक रोने से जी हलका कर चुकी नलिनी बोली, 'क्या मैं आपको पसंद नहीं ?'

सत्येंद्र का भी रोने को मन कर रहा था, किंतु उसने अपने को संभाला और बोला, 'तुमसे किसने कहा कि तुम मुझे पसंद नहीं हो ? हां, मैं मानता हूं कि तुम्हारे साथ गपशप नहीं कर पाता।'

नलिनी को चुप देखकर थोड़ी देर के बाद सत्येंद्र पुन: बोला, 'वस्तुत: सोचा था कि मैं अब किसी से कुछ नहीं कहूंगा, क्योंकि मुझे लगता है कि कहने का कोई लाभ नहीं, किंतु अब मैं तुम्हें वह सब बता दूंगा, जिससे तुम्हें मेरे इस प्रकार के व्यवहार के कारण का पता चल सके। मैं अब तक अपनी पहली पत्नी सरला को भुला नहीं सका हूं। उसे मैं न तो भुला पाना चाहता हूं और न ही भुला पाने की मुझे कोई आशा है। इस स्थिति में तुम मुझ अभागे से आ जुड़ी हो। यह तुम्हें अपने हृदय के उस आसन पर कैसे बैठाए, जहां पहले से कोई जमी बैठी हो ? मैं तुम्हें कभी सुख दे पाऊंगा या तुमसे प्रेम कर पाऊंगा, ऐसा भी मुझे नहीं लगता। तुम मुझ पर विवाह करके किसी का जीवन नष्ट करने का आरोप लगा सकती हो, परंतु मैंने अपनी इच्छा से विवाह नहीं किया। मुझे बलि का बकरा बनाया गया है। इसलिए मुझे नहीं लगता कि हम दोनों कभी पति-पत्नी के रूप मे रह सकेंगे।'

आधी रात के सूने में पति-पत्नी होने पर भी दोनों एक-दूसरे के लिए अजनबी-से बने बैठे रहे। सत्येंद्र को नलिनी के सिसकने का पता चल गया। सत्येंद्र भी रो रहा था, किंतु उसके रोने का कारण दिवंगत पत्नी सरला की भूली-बिसरी बातों का स्मरण हो आना था। यहां तक कि सरला का चेहरा उसकी आंखों के आगे सजग हो उठा और सरला के शब्द उसके कानों में गूंजने लगे, 'अब आप क्या लेने आए हैं ?'

दुर्लभ ई. साहित्य कार्नर

सत्येंद्र न चाहकर भी रोने लगा। वस्तुतः रोने को रोकना उसके वश में नहीं रहा था। धीरे-धीरे उसकी आंखों से निकले आंसू उसके गालों पर लुढ़कने लगे।

अपने आंसुओं को पोंछकर और नलिनी के दोनों हाथों को अपने हाथों में लेकर सत्येंद्र बोला, 'नलिनी, रोना-धोना छोड़ो, इसमें मेरा कोई दोष नहीं है। वस्तुतः मेरे हृदय की वेदना को समझने की किसी ने परवाह नहीं की, किसी ने यह सोचने की चिंता नहीं की कि मैं दूसरे विवाह के लिए मानसिक रूप से तैयार भी हूं या नहीं? मैं भीतर-ही-भीतर कितना दुखी हूं और किस प्रकार तिलमिला रहा हूं, इस ओर किसी ने ध्यान दिया होता तो तुम्हारी ऐसी नियति न होती। फिर भी मैं तुम्हें विश्वास दिलाता हूं कि यदि मैं स्वस्थ हो गया तो तुम्हें हृदय से प्यार कर सकूंगा और फिर सच्चे मन से तुम्हारी देख-रेख का दायित्व संभालूंगा।'

स्नेह के आश्वासन के साथ लगे 'यदि' एवं 'किंतु' जैसे शब्द मिलने घातक होते हैं, इसे तो कोई भुक्तभोगी ही समझ सकता है। काफी समझदार होने के कारण नलिनी पति के गहरे दुख को ठीक से समझ गई। पति के मुंह से अपने प्रति उनके प्रेम न होने की सुनकर भी वह न रुष्ट हुई, न उसने अपने दुर्भाग्य पर आंसू बहाए और न ही ऐसे पति के प्रति मन में दुर्भाव लाई। यद्यपि सोलह साल की लड़की के लिए रूठना, अहंकार करना और पति को खरी-खोटी सुनाना आदि सभी कुछ संभव है। इस आयु में अपने पर नियंत्रण रखने का विवेक ही कहां होता है? फिर भी इस लड़की ने ऐसा कुछ भी गलत काम नहीं किया। इस बुद्धिमती लड़की ने सोचा पति को अपने अनुकूल बनाना मेरी प्राथमिकता होनी चाहिए, न कि अपने अहंकार से उन्हें अपने से और अधिक दूर करने जैसी उद्धतता करनी चाहिए।

बस, उस दिन से नलिनी के जीवन का एकमात्र उद्देश्य अपने पति को व्यथामुक्त करना हो गया। वह जानती थी कि सरला के विरुद्ध कुछ कहने का परिणाम उलटा पति के दुख में वृद्धि करना होगा। अतः उसने पति की व्यथा को ध्यान से सुनने, उसके प्रति सहानुभूति दिखाने

तथा पति के प्रेम को आदर्श बताकर इसके लिए उनकी सराहना करने का मार्ग अपनाया, तो धीरे-धीरे वह सत्येंद्र के निकट आती गई। दुखी व्यक्ति की बात को ध्यान से सुनने वाला आत्मीय बंधु ही लगता है।

अब सत्येंद्र को नलिनी का संग अच्छा लगा। दोनों की रातें एक साथ बीतने लगीं। सत्येंद्र जब अपने पिछले प्रेम की बातें करता, तो नलिनी विस्तार से सुनाने के लिए उसे उत्साहित करती और अधूरी बात को पूरा करने का अनुरोध करती। बस, इसलिए वह उसके निकट आती गई।

❑❑

अठारह साल की हो गई नलिनी को बहू बनकर इस घर में आए दो साल बीत गए हैं। अब उसे पति द्वारा अपनी उपेक्षा किए जाने का कोई कष्ट नहीं है। उसने अपने विवेक से पति के हृदय पर अधिकार कर लिया है और उसके प्रेम को जीत लिया है। सत्येंद्रनाथ इन दिनों पवना का डिप्टी मजिस्ट्रेट बन गया है। पत्नी द्वारा की जा रही सेवा तथा देखभाल से उसके स्वभाव एवं रहन-सहन में भारी परिवर्तन आ गया है। कचहरी से लौटने पर सत्येंद्र को नलिनी के साथ बैठकर गपशप व हंसी-मजाक करने, शतरंज आदि खेलने तथा गाना-बजाना सुनने में आनंद आने लगा है। एक शब्द में कहना चाहें तो कह सकते हैं कि सत्येंद्र सही अर्थों में एक आदर्श पति बन गया है। मनुष्य का यह स्वभाव है कि जो वस्तु उसे सुलभ नहीं, वह उसकी प्राप्ति के लिए लालायित रहता है। अशांत व्यक्ति शांति की खोज में भटकता है, तो शांत व्यक्ति को सूनापन काटने को दौड़ता है, एकदम अखरता है।

मनुष्य का स्वभाव है छल के पीछे भागना, अर्थात हाथ से छूटी मछली को ही बड़ी मछली समझकर पछताना। सत्येंद्र भी हाड़-मांस का पुतला होने के कारण इसका अपवाद नहीं हो सकता। नलिनी द्वारा इतने यत्न और सावधानी से की जा रही सेवा-सुश्रूषा के बाद भी उसके मन में कभी-कभार मेघों के बीच बिजली की चमक के समान अशांति उत्पन्न हो जाती है। इस अशांति के कारण पलभर के लिए ही सही, जल में पत्थर फेंकने से उत्पन्न हलचल के समान उसका मन भी आंदोलित हो उठता है।

इस स्थिति से पति को उबारने में नलिनी को काफी श्रम करना पड़ता है। बीच-बीच में तो वह बेचारी निराश-सी होने लगती है। उसे इतने दिनों की अपनी साधना, तपस्या, चेष्टा तथा सहनशीलता पर पानी फिरता-सा लगता है, क्योंकि नलिनी के किसी भी कार्य में नाममात्र की त्रुटि देखने पर सत्येंद्र के मुंह से नलिनी को सदैव यही सुनने को मिलता, सरला होती तो यह गलती, यह भूल-चूक, यह त्रुटि अथवा यह छिद्र कदापि नहीं होता।

सरला का नाम सुनते-सुनते नलिनी के कान पक गए थे। कौन जाने कि सरला सचमुच इतनी पूर्ण तथा परिष्कृत थी कि उसके द्वारा कुछ गलत होने के विषय में सोचा तक नहीं जा सकता था अथवा यह केवल सत्येंद्र का उसके प्रति आदर का भाव था। क्या सत्य है, यह तो अंतर्यामी ही जानते होंगे ? हम तो केवल यही कह सकते हैं कि जो चला गया है, उसे सर्वोत्तम मानना मनुष्य की स्वभावगत दुर्बलता है। इसीलिए कचहरी से लौटने पर नलिनी को सामने न पाकर सत्येंद्र की यही प्रतिक्रिया होती, कहां वह (सरला) और कहां यह (नलिनी) ? इस प्रकार सत्येंद्र सरला को भुला नहीं पा रहा था अथवा यों कहें कि वह भुलाना चाहता ही नहीं था।

इस तथ्य 'सरला को न भूला पाना' से परिचित नलिनी अपनी ओर से सदैव पति के समीप रहने की चेष्टा करती है। बुद्धिमती नलिनी ने न कभी चाहा और न प्रयास ही किया कि उसका पति सरला को सदा के लिए भूल जाए, किंतु हां, इसके लिए वह अवश्य दुख मनाती है कि बेचारा सत्येंद्र निरर्थक कष्ट भोग रहा है। अत: वह पति के समीप बनी रहने को सजग रहती है। वह इसी को अपना परम सौभाग्य मानती है कि उसके पति उसकी उपेक्षा अथवा उसका अनादर नहीं करते।

पवना के प्रतिष्ठित वकील गोपीकांत राय कलकत्ता में नलिनी के मायके के पड़ोसी हैं। नलिनी वकील साहब को काका और उनकी पत्नी को काकी कहती है। दोनों परिवारों का एक-दूसरे के यहां खूब आना-जाना है। गांव के संबंध से सत्येंद्र भी वकील साहब का काफी समय सम्मान करता है। सत्येंद्र का मकान वकील साहब के मकान से दूर अवश्य है, फिर भी दोनों परिवारों में मधुर सम्बन्ध हैं। नलिनी

दुर्लभ ई. साहित्य कार्नर

कभी-कभार वकील साहब के घर चली जाती है, क्योंकि उनकी लड़की हेमा उसकी बचपन की सहेली है। दोनों एक-दूसरे से मिलने को सदा उत्सुक रहते हैं।

एक दिन सत्येंद्र के कचहरी चले जाने पर, घर में अपने को खाली अनुभव करती नलिनी चित्र बनाने बैठी ही थी कि उसके आंगन में एक गाड़ी आकर रुकी, तो नलिनी ने अनुमान लगाया कि हेमा आई होगी। पलक झपकते हेमांगिनी नलिनी के सामने खड़ी थी। नलिनी को बांह से खींचते हुए हेमा बोली, 'अब हमारे घर चलो, कल मेरे भैया की बहू आई है, चलकर उससे मिलो।'

नलिनी बोली, 'तू अपनी भाभी को साथ क्यों नहीं लेती आई?'

हेमा ने कहा, 'अभी-अभी भाभी को इधर कैसे लाया जा सकता था?'

'तो फिर मैं भी नहीं चलती।'

'तू कैसे नहीं चलेगी, चलती है या घसीटना शुरू करूं?'

कोई घसीटने पर तुल जाए तो नलिनी जैसी किसी के लिए न जाना अथवा इनकार करना कठिन हो जाता है। नलिनी भी सहमत हो गई।

हेमा के घर जाने में नलिनी की हिचकिचाहट का कारण यह था कि उसे वहां से लौटने में देर हो जाती है। पहले दो बार वहां गई नलिनी यह सब देख चुकी है कि उसके पति उससे पहले ही कचहरी से लौट आए हैं। सत्येंद्र बाबू भले इस ओर ध्यान न दें, किंतु अपने थके-मांदे पति को पंखे की बयार न कर पाने के कारण नलिनी अपने को लज्जित अनुभव करती है।

आज प्रयत्न करने पर भी नलिनी सात बजे से पहले घर न पहुंच सकी। अखबार पढ़ रहे सत्येंद्र ने अभी तक कुछ भी नहीं खाया-पिया था। उन्हें नलिनी ही खिलाती-पिलाती थी और आज वह अनुपस्थित थी। नलिनी के आने पर सत्येंद्र हंसा, किंतु नलिनी को यह हंसी दंश जैसी लगी। उसने तत्काल आसन बिछाकर खाना परोसा, किंतु सत्येंद्र ने उस ओर देखा तक नहीं। भूख न होने की कहकर बैठा रहा। नलिनी को मान-मनोबल का कोई लाभ न हुआ, फलतः वह समझ गई कि उसके पिया रूठ गए हैं।

दुर्लभ ई. साहित्य कार्नर

☐☐

हेमांगिनी के पति उपेंद्र बाबू ने आज अपनी पत्नी को ले जाना है, बहुत दिनों से न मिली हेमा ने नलिनी को आज बड़े आग्रह से बुलाया है।

नलिनी ने पति की आज्ञा के बिना घर न छोड़ने की शपथ ले रखी थी। आज इस प्रण की रक्षा का अर्थ होगा, प्रिय सखी से भेंट न होना। हेमा ने तीन बजे की गाड़ी से प्रस्थान करना है और सत्येंद्र ने पांच बजे के बाद लौटना है। अत: पति की आज्ञा का मिलना संभव ही नहीं। अपने मन में उठे तर्क-वितर्कों पर विचार करने के पश्चात नलिनी ने अन्तत: आज पति की आज्ञा के बिना भी जाने का निश्चय कर लिया।

नलिनी वहां पहुंची तो हेमा तीन बजे की गाड़ी से नहीं जा सकी। उसने नलिनी को भी अपने से अलग न होने दिया। नलिनी अपने पति को होने वाली असुविधा और उनकी नाराजगी की बात कह ही न सकी। बहुत देर होती देख छुटकारा पाने के लिए नलिनी ने यह सब कहा, तो भी हेमा ने उसे हंसी में उड़ा दिया और बोली, 'क्या तू मुझे मूर्ख समझती है अथवा अपने पति को नकेल डालना नहीं सीखी है?' इस पर नलिनी मन मारकर रह गई। चाहकर भी वह पीछा न छुड़ा सकी।

रात के दस बजे घर लौटी नलिनी को अपने पति के बाहर सो जाने का पता चला। नलिनी से अत्यंत स्नेह करने वाली उसके मायके से उसके साथ आई नौकरानी मातंगिनी का भी आज बेटी जैसी मालकिन को उलटा-सीधा सुनाना पड़ा। सारे घर में केवल वही जानती थी कि सत्येंद्र बाबू के बाहर सोने का कारण उनका अपने को अपमानित होना मानने से उत्पन्न क्रोध है।

रात के सन्नाटे में बिस्तर पर पड़ा सत्येंद्र अपनी दिवंगत पत्नी सरला के अरुण कमल जैसे चेहरे का ध्यान करता हुआ वर्तमान पत्नी नलिनी के चेहरे के साम्य-वैषम्य पर विचार कर रहा था तथा नलिनी के प्रेम को सरला के प्रेम के सामने तुच्छ ठहरा रहा था। ठीक उसी समय धीरे से दरवाजा खोलकर नलिनी ने पति के शयनकक्ष में प्रवेश किया। सत्येंद्र ने नलिनी को देखा और आंखें बंद कर लीं। नलिनी सत्येंद्र के पैताने बैठ गई और सत्येंद्र आंखें मींचकर चुपचाप पड़ा रहा। काफी देर की चुप्पी के बाद सत्येंद्र ने कठोर स्वर में पूछा, 'तुम यहां क्यों आई हो?'

नलिनी रोने लगी। इस पर सत्येंद्र ने और अधिक भड़क कर कहा, 'रात काफी हो चुकी है, जाओ, मुझे थोड़ा आराम करने दो।'

रोती-बिलखती नलिनी बोली, 'आप ऊपर कमरे में चलने की कृपा कीजिए।'

'मुझे नींद आ रही है, मैं इस समय कहीं नहीं जाऊंगा।'

नलिनी जानती है कि सत्येंद्र को उसका रोना नहीं सुहाता, इसलिए उसने अपने आंसू पोंछ डाले और पति के चरणों पर सिर रखकर गिड़गिड़ाती हुई बोली, 'बस, इस बार क्षमा कर दीजिए। यह स्थान सुविधाजनक नहीं है, ऊपर चलिए।'

नलिनी सत्येंद्र के हठ से परिचित थी। एक बार उसने जो ठान लिया, उससे उसे टस से मस नहीं किया जा सकता था। वह बोला, 'यह समय सुविधा-असुविधा पर विचार करने का नहीं है। इस समय मुझे नींद लगी है, मुझे सोने दो और तुम भी जाकर सोओ।'

नलिनी अपने कमरे में चली गई और उसने रोते-रोते पूरी रात गुजार दी। वह हेमांगिनी को कोसने लगी और मन-ही-मन कहने लगी कि अब मेरी इस डूबती नैया को क्या तू किनारे लगाने आएगी?

अगले दिन भी सत्येंद्र न तो घर के भीतर आया और न ही उसकी नलिनी से भेंट हुई।

नलिनी ने अपनी दासी मातंगिनी के हाथ एक पत्र लिखकर भेजा, किंतु सत्येंद्र ने उसे बिना पढ़े ही फाड़ दिया और दासी को भविष्य में किसी पत्र को न लाने का कठोर निर्देश दिया।

चार-पांच दिनों के बाद अपने बड़े भाई नरेंद्र के पवना आने पर नलिनी प्रसन्न होने के साथ-साथ आश्चर्यचकित भी हो गई। उसने पूछा, 'भैया, कैसे आना हुआ?'

हंसता हुआ नरेंद्र बोला, 'तू तो घर चलने को बहुत उतावली हो रही है, बहिन!'

स्तब्ध हुई नलिनी बोली, 'मैं...उतावली...'

नलिनी को सारा मामला समझते देर न लगी। अत: पलटकर बोली, 'हां, बहुत दिनों से भेंट जो नहीं हो सकी।'

❏❏

पति को प्रणाम कर जिस दिन नलिनी अपने भाई के साथ मायके गई, उस रात सत्येंद्र एक क्षण के लिए भी सो न सका। वह रात-भर यही सोचता रहा कि यह सब न करने पर भी काम चल जाना था। एक समय तो गाड़ी को लौटा लाने का विचार भी आया, किंतु अभिमान के कारण कुछ करना संभव न हुआ।

नलिनी मायके की दासी मातंगिनी के साथ गई। वह इस विदा के वास्तविक कारण से परिचित थी। नलिनी ने दासी को घर में किसी को कुछ न बताने की कठोर चेतावनी दे दी। क्योंकि उसके पति की बदनामी होगी, जिसे वह कभी सहन नहीं कर सकती थी।

मायके पहुंचकर नलिनी ने माता-पिता को प्रणाम किया, छोटे भाई को गोद में उठाकर चूमा, किंतु उसके चेहरे पर प्रसन्नता की चमक न आ सकी।

मां ने कहा, 'एक ही दिन की यात्रा में मेरी बेटी के चेहरे पर थकान झलकने लगी है।'

सुनकर नलिनी हंस तो दी, किंतु उसकी हंसी सूखी थी।

कभी-कभी संसार में किसी साधारण कारण से भी बड़े भारी उत्पात हो जाया करते हैं। उदाहरणार्थ, शूर्पणखा की साधारण प्रणय-चेष्टा ही स्वर्णनगरी लंका के विनाश का कारण बन गई। एक स्वप्न को सत्य समझने से महाराज हरिश्चंद्र को घोर कष्ट झेलना पड़ा। साधारण घटना के भयंकर परिणाम वाली घटनाओं से सभी देशों के इतिहास भरे पड़े हैं। यदि सत्येंद्रनाथ भी अपने अभिमान के कारण अपना घर उजाड़ बैठा, तो यह कोई अनोखी बात नहीं है।

नलिनी कभी अहंकार का शिकार नहीं हुई थी। पति के मन को कष्ट न पहुंचाने की इच्छा से वह चुपचाप गरल पीती रही, किंतु अब उसकी सहनशक्ति चूक गई थी। वह अब सोचने लगी कि यदि वह पति द्वारा त्याग दी गई है तो जीकर क्या करेगी? उसके जीने का अर्थ ही क्या रह जाता है?

नलिनी के मन में उत्पन्न अहंकार अपनी चरम सीमा पर पहुंच चुका था। जबकि सत्येंद्र के मन में उत्पन्न अहंकार लगभग समाप्त हो चुका था। वस्तुत: सत्येंद्र का अभिमान तो दिखावा था, क्योंकि नलिनी

दुर्लभ ई. साहित्य कार्नर

के बिना उसके लिए एक दिन भी गुजारना कठिन था और यह भी एक निश्चित सत्य है कि अहंकार परिणाम में दुखदायक ही होता है। वह प्रतिदिन यह आशा करता है कि आज नलिनी का पत्र आएगा, जिसमें उसे लिवा ले जाने के लिए अनुनय-विनय होगी।

सत्येंद्र मन-ही-मन यह भी निश्चित कर लेता था कि वह नलिनी के अनुरोध का सम्मान रखेगा। इतना ही नहीं, वह भविष्य में उसके प्रति ऐसा व्यवहार न करने की तो ठानता, किंतु दिन-प्रतिदिन की प्रतीक्षा में छह महीने बीत गए। नलिनी की ओर से कोई संदेश न आया तो सत्येंद्र घोर निराशा से टूट गया। यदि कहीं वह झुक जाता, तो स्थिति सुधर जाती, किंतु भाग्य में दोनों का मिलन नहीं लिखा था। अतः उसका अहंकार पहले से भी दुगुनी तीव्रता से जाग्रत हो उठा। इसके साथ ही क्रोध ने भी आग में आहूति का काम किया। वह सोचने लगा कि यदि एक स्त्री होकर वह अपना भला-बुरा नहीं सोचती और नहीं झुकती, तो उसे उसकी चिंता करने की आवश्यकता ही क्या है ?

दोनों, नलिनी और सत्येंद्र, के अविवेक ने दोनों को सदा के लिए एक-दूसरे से अलग कर दिया। यौवन के उन्माद में दो दिल मिलते-मिलते सदा के लिए बिछुड़ गए, दो मन जुड़ते-जुड़ते टूटकर छिन्न-भिन्न हो गए।

वस्तुतः इस अवांछनीय स्थिति के लिए दोष दोनों को नहीं दिया जा सकता, किंतु इतना तो निश्चित है कि गलती दोनों ओर से हुई है। इस तथ्य को भी केवल ऊपर वाला जान सकता है कि यदि गलती का पता एक साथ दोनों को लग भी जाए, तो दोनों में कौन अधिक दुखी होगा। लेखक अपने लिए ही नहीं, अपितु पाठक के लिए भी इसे समझना सरल नहीं मानता कि आखिर इन दोनों ने क्या सोचकर एक-दूसरे की उपेक्षा करने की हठधर्मिता को अपनाया, जबकि वास्तविकता यह है कि युवा मन को कभी एक-दूसरे से मिलने की न तो चाह होती है और न ही अपने ऊपर संयम अथवा नियंत्रण करना संभव होता है।

युवा मन तो सदैव मर्यादा रूपी खूंटे को उखाड़ने और मौज-मस्ती करने को आकुल-व्याकुल रहता है। युवा मन की अतृप्त आकांक्षा व्यक्ति को मिलन के लिए उत्साहित एवं प्रयत्नशील बनाती है, लक्ष्य

दुर्लभ ई. साहित्य कार्नर

प्राप्ति संभव न होने पर भी व्यक्ति को चैन से नहीं बैठने देती, किंतु यहां दोनों ओर की अकर्मण्यता, चेष्टा-हीनता तथा हाथ पर हाथ धरे बैठे रहने की प्रवृत्ति सचमुच विस्मयकारी है।

बहुत सोच-विचार करने पर अंततः यही कहना पड़ता है कि भावी प्रबल है। भाग्य के लिखे को मिटाना किसी के भी वश में नहीं। मनुष्य को वही बुद्धि आती है और वह वही करता है, जो भाग्य उससे कराना चाहता है। आखिर मनुष्य नियति के हाथ का खिलौना जो ठहरा।

❑❑

अपने लड़के द्वारा रूप, गुण-संपन्न बहू के ठुकराए जाने पर सत्येंद्र की मां को गहरा दुख पहुंचा। वह अपने भाग्य को कोसती हुई बोली, 'लाखों में एक, चांद जैसी बहू के होते भी उसका घर का न बस पाना सचमुच उसके किन्हीं पाप-कर्मों का फल है। फिर वह सोचने लगी कि वास्तव में पिया के मन को भाने वाली बहू ही रूप, गुण व संपन्न कहलाती है। जब पिया को ही नहीं भायी, तो फिर कहां का रूप और कहां के गुण? इसमें मेरा कोई हाथ नहीं। लड़के ने अपनी पसंद से विवाह किया और फिर अपनी मर्जी से उसे छोड़ दिया। इसमें भला मैं बीच में कहां आती हूं?' इस प्रकार अपने मन में विचार करती गृहिणी-वरण डाल (वर-वधू के स्वागत में आरती उतारने के लिए बनाई जाने वाली थाली) सजाने लगी।

हरदेव बाबू दो साल पहले स्वर्ग सिधार चुके हैं। उनकी याद आते ही गृहिणी की आंखें सजल हो उठीं। नलिनी की याद आ जाने से आंसुओं का वेग और भी अधिक बढ़ गया। वह सोचने लगी कि यदि सत्येंद्र के पिताजी जीवित होते तो शायद नलिनी को लाने का कोई उपाय करते। अब पता नहीं, नई बहू कैसी होगी?

सत्येंद्र का विवाह हो गया। मां ने वर-वधू की आरती उतारकर उनका स्वागत किया। आंखों में आंसू आ जाने पर उसने बहाना बना दिया। आंखों में कुछ पड़ जाने से बार-बार आंसू आ जाते हैं। इस प्रकार आंसुओं का बहना और पोंछे जाने का क्रम चलता रहा।

नलिनी की बहिन जैसी प्यारी सहेली गिरिबाला बड़ी मुंहफट थी। इस छोटी-सी आयु में सत्येंद्र की यह तीसरी शादी है। क्या पता इस

दुर्लभ ई. साहित्य कार्नर

लड़के ने अभी क्या-क्या गुल खिलाने हैं ?

सत्येंद्र ने और उसकी मां ने यह सब सुना, वे भला क्या उत्तर देते ? कल उसकी सुहागरात है।

किसी अनजान व्यक्ति से सत्येंद्र को बहुमूल्य उपहार प्राप्त हुआ है। इसमें वर-वधू के लिए ढाके की चादर, साड़ी आदि बहुत सारी कीमती वस्तुएं हैं। साड़ी तो इतनी बढ़िया है कि आज तक इस क्षेत्र में कभी किसी ने देखी न होगी। आसपास के स्त्री-पुरुष उत्सुकता से पूछते हैं, 'ऐसा बहुमूल्य उपहार किसने भेजा है ?'

गृहिणी थूक निगलकर और आंसू रोककर कहती है, 'सत्येंद्र के किसी मित्र ने भेजा है।'

उपहार की वस्तुएं बांट दी गईं। राजबाला ने उपहार की सराहना की, तो नृत्यकाली समर्थन में बोली, 'बड़े लोग कोई घटिया उपहार कभी नहीं भेजते।'

कुछ देर बाद राजबाला ने पूछा, 'ऐसी सुंदर, सुशील और गुण संपन्न बहू को छोड़कर सत्येंद्र ने फिर से विवाह क्यों किया ?'

ज्ञानदा बोली, 'समझ में तो मेरी भी नहीं आता। बहू थी तो सोने की डली।'

रासमणि नाई की लड़की है। उसके मायके की आर्थिक स्थिति काफी अच्छी है। देखने में बुरी नहीं, हां, नाक अवश्य चपटी है। कुछ लोग उसकी आंखों को भी काफी छोटा बताते हैं। किसी स्त्री के रूप-सौंदर्य से उसके पति के सिवा किसी और को क्या लेना-देना ?

हंसती हुई रासमणि ने राजबाला से कहा, 'यदि तुम समझदार होती तो उस औरत की चर्चा ही न करतीं। वह जिस तरह पुरुषों के मुंह फाड़कर बातें करती थी, उससे साफ संकेत मिलता था कि उसका चरित्र ठीक नहीं है। यदि ऐसा न होता, तो वह चुपचाप घर से क्यों निकल जाती और क्यों बाबू दूसरा विवाह करते।'

उपस्थित महिलाओं के चुप रहने पर यह स्पष्ट हो गया कि यह तथ्य उन्हें विश्वसनीय लगता है। दो-चार दिनों में यह बात पूरे गांव में फैल गई कि नाई की लड़की रासमणि ने जमींदार के घर के गुप्त रहस्य को जान लिया है। भ्रष्ट आचरण के कारण ही नलिनी को त्यागा गया है।

गृहिणी तो नलिनी पर लगाए जा रहे इस मिथ्या आरोप से विचलित हो उठी। वह अपने कमरे का द्वार बंद कर विह्वल होकर रुदन करने लगी। उसने तो मन में यहां तक सोच लिया कि वह नलिनी को अपने घर ले आएगी। सत्येंद्र ने उसे न अपनाया तो उसे लेकर काशी चली जाएगी। इस प्रकार चुप रहकर निर्दोष बहू को किसी के द्वारा कुलटा कहा जाना कभी स्वीकार नहीं करेगी।

सत्येंद्र की मां ने उपहार लाने वाली दासी को कमरे में बुलाया। दोनों बंद कमरे में काफी देर तक रोती रहीं। शांत होने पर नलिनी की दासी माता बोली, 'बिटिया की कंचन काया लोहे जैसी काली पड़ गई है। उसने आपके चरणों में प्रणाम के बाद पूछा है कि उसके किस अपराध के दंड के रूप में उसके पति ने उसका परित्याग किया है?'

इस प्रकार की बहुत सारी बातें दासी के मुख से सुनकर सास का बहू के प्रति स्नेह कई गुना बढ़ गया। इसी के साथ सत्येंद्र की मां अपने बेटे के व्यवहार पर अपने को लज्जित एवं व्यथित अनुभव करने लगी। वह सोचने लगी कि क्या सत्येंद्र पर मेरा कोई अधिकार नहीं? क्या मेरी आज्ञा का पालन करना सत्येंद्र का कर्तव्य-कर्म नहीं? मैं नलिनी को घर लाकर रहूंगी। मैं अपनी गृहलक्ष्मी का ऐसा अपमान व उसकी ऐसी उपेक्षा नहीं होने दूंगी।

उसी दिन सायंकाल मां ने सत्येंद्र को बुलाकर नलिनी को लिवा लाने की कही तो बेटे ने साफ इनकार कर दिया। इस पर रोती हुई मां बोली, 'गांव-भर में मेरी गृहलक्ष्मी पर मिथ्या कलंक लगाए जा रहे हैं और 'थू-थू' की जा रही है।'

सत्येंद्र ने पूछा, 'कैसा कलंक?'

मां बोली, 'इस प्रकार तुम्हारे द्वारा उसे घर से निकालने और फिर से विवाह करने के लिए उसे दुश्चरित्र माना जा रहा है। मैं किस-किस के मुंह पर हाथ रखने जाऊं?'

'किसी को कुछ कहने और किसी की सुनने की आवश्यकता ही क्या है?'

'तो तुम उसे नहीं लाओगे?'

'नहीं, कदापि नहीं।'

सुनकर मां बहुत तिलमिलाई और खूब रोई-चिल्लाई। यह तो अंतिम निर्णय के लिए तैयार होकर आई थी। अत: ब्रह्मास्त्र के रूप में बोली, 'तो फिर मैं भी इस घर में नहीं रहूंगी। मैं कल ही काशी चली जाऊंगी।'

अब सत्येंद्र भी पहले वाला भोला-भाला, मां का आज्ञाकारी, मां के कहने पर चलने वाला, मां द्वारा दिन को दिन और रात को रात कहने वाला नहीं रहा। यहां तक कि अब वह पत्नी पर आश्रित रहने वाला भी नहीं रहा। अत: उसने मां की आशा के विपरीत कठोर स्वर में दो टूक उत्तर दिया, 'मां, जो आपका मन करे, कीजिए, किंतु मुझे परेशान मत कीजिए। मैं नलिनी को यहां नहीं बुलाऊंगा।'

मां को अपने बेटे से ऐसे रूखे व्यवहार की स्वप्न में भी आशा नहीं थी। अत: वह निराश होकर बिलखती हुई चल दी। चलते-चलते बोली, 'गांव के लोग जो भी बकते रहें, किंतु मैं जानती हूं कि मेरी बहू सती-सावित्री है।'

दूसरे दिन सत्येंद्र की बुआ ने सत्येंद्र को उसके मित्र द्वारा भेजे उपहार देखने को बिठा लिया। सत्येंद्र द्वारा मित्र का नाम पूछने पर बुआ ने अनभिज्ञता प्रकट की। वह उपहार में आए कपड़े ले आया। कपड़े बहुमूल्य थे। बनारसी साड़ी और न जाने क्या-क्या था? सत्येंद्र प्रेषक के बारे में विचार कर ही रहा था कि उसकी दृष्टि साड़ी के एक किनारे पर लगी गांठ पर गई। गांठ खोलने पर मिले पत्र में लिखा था, 'बहिन, इसे जीजी द्वारा स्नेह-उपहार समझकर स्वीकार करना, लौटाने की चेष्टा हरगिज न करना।'

सत्येंद्र के लिए सुहागरात में बिछाई पुष्प-शय्या कंटक-शय्या में बदल गई।

❑❑

युवक का अहंकार कितना अंधा होता है और किस प्रकार परिणाम की कोई चिंता नहीं करता, इसका सजीव उदाहरण सत्येंद्र है। उसे याद आया कि बचपन में भी हठ करने की उसकी आदत थी, किंतु पिता द्वारा पिटाई किए जाने पर वह सही रास्ते पर आ जाता था, किंतु आज कान खींचने वाले और राह दिखाने वाले किसी के न होने से उसके हठ ने यह अनर्थ सामने ला दिया है।

दुर्लभ ई. साहित्य कार्नर

जवानी मस्तानी होती है। इस आयु में जोश-ही-जोश होता है। होश के लिए कोई स्थान नहीं होता, किंतु बहुतों के अथवा सबके जीवन में एक-न-एक समय ऐसा अवश्य आता है, जब युवक को अपना जीवन भार लगने लगता है। सत्येंद्र भी इसका अपवाद नहीं। क्या ऐसा व्यक्ति अपने गलत आचरण से लोगों की सहानुभूति खो नहीं बैठता? क्या वह दूसरों का घृणा-पात्र नहीं बन जाता? क्या ऐसा व्यक्ति जीवित होने पर मृत नहीं होता?

प्रिय पाठको! आपको यह बताना भी आवश्यक है कि पापी का अंत शीघ्र निकट नहीं आता। शीघ्र मृत्यु तो उसके लिए वरदान होती है। यदि ऐसे व्यक्ति के प्राण जल्दी छूट जाएं तो वह प्रायश्चित पूरा कैसे होगा और लोगों को शिक्षा कहां से मिलेगी? सत्येंद्र भी जीवित है, किंतु उसके लिए एक-एक दिन नहीं, एक-एक पल बिताना कठिन हो रहा है। वह प्रतिक्षण छटपटाता है और मृत्यु की कामना करता है, परंतु मृत्यु उसके पास नहीं फटकती।

सत्येंद्र बीच-बीच में अपने को धोखा देने के प्रयास में सोचता है कि वह अपने अतीत को भूलकर वर्तमान में जीता है, किंतु पवना में चरित्रहीनता का कलंक भोग रही नलिनी के जीवित रहते वह अपने घृणित अतीत को कैसे भुला सकता है?

विवाह के दो महीने बीतने के बाद सत्येंद्र को आज एक पत्र और छोटा-सा एक पार्सल मिला है। पत्र लिखने वाला है, नलिनी का भाई नरेंद्र! पत्र इस प्रकार से है—

सत्येंद्र बाबू,

इच्छा न होने पर भी, अपनी प्यारी बहिन नलिनी के प्रति स्नेहवश उसके अनुरोध से मैं यह पत्र लिख रहा हूं। मृत्यु से पूर्व ही उसने आपके नाम की यह अंगूठी आपको लौटाने को कहा था, जो पत्र के साथ वापस भेज रहा हूं, ताकि आप अपनी नई पत्नी को पहना सकें। यह भी नलिनी की इच्छा थी। आशा है कि आप उसकी इस इच्छा को पूरा करेंगे।

हां, उसका अंतिम अनुरोध था, आपके द्वारा इस नई बहिन को कोई कष्ट नहीं पहुंचना चाहिए।

भवदीय
नरेंद्र

90

दुर्लभ ई. साहित्य कार्नर

सत्येंद्र को याद आया कि पुत्र जन्म के अवसर पर सत्येंद्र ने यह अंगूठी नलिनी को पहनाई थी। पुत्र की बाद में मृत्यु हो गई थी।

सत्येंद्रनाथ अब पवना नहीं रहता। उसकी मां भी किसी कारण से काशी नहीं जा सकी। नई बहू विधु शायद पिछले जन्म में नलिनी की छोटी बहिन रही होगी।

☐☐☐

मंदिर

नदी के किनारे पर बसे एक गांव के दो कुम्हार नदी की मिट्टी को सांचे में ढालकर खिलौने बनाते थे और फिर उन्हें हाट में बेच आते थे। इन दोनों परिवारों में पीढ़ियों से यही धंधा चला आ रहा है। इसी धंधे की आय से उनका गुजर-बसर होता आया है। इन कुम्हारों की स्त्रियां भी घर के काम के साथ-साथ अपने पतियों के काम में उनका हाथ बटाती हैं। वे मिट्टी में पानी डालती हैं, आवां ठंडा हो जाने पर पके खिलौने निकालती हैं और अपने आंचल से उनकी झाड़-पोंछ करके उन्हें रंगने के लिए मर्दों के सामने रख देती हैं।

रोगी ब्राह्मण शक्तिनाथ भी शिक्षा-दीक्षा, खेल-कूद, बंधु-बांधव तथा आचार-संस्कार आदि को तिलांजलि देकर इन कुम्हारों के पास आकर खिलौने बनाना सीखने लगा। वह खपची की छुरी को धोता, सांचे के भीतर की मिट्टी को साफ करता और खिलौनों के चित्रांकन को मनोयोग से देखता रहता था। उसे लगता था कि खिलौनों को रंगने में किसी प्रकार की सावधानी नहीं बरती जाती।

खिलौनों की भौंहों, होंठों और आंखों को स्याही से रंगने में एकरूपता रखने की ओर ध्यान नहीं दिया जाता। एक आंख दूसरी आंख से थोड़ी लंबी, मोटी अथवा कुछ तिरछी बन जाने पर न उसे सुधारा जाता था और न ही चिंता की जाती थी। यहां तक कि किसी खिलौने पर स्याही का धब्बा गिर जाने पर उसे पोंछने में भी समय नहीं गंवाया जाता था। शक्तिनाथ के ऐसी उपेक्षा न बरतने का अनुरोध करने पर कुम्हारों का उत्तर होता, 'महाराज, खिलौनों को रंगने में समय, श्रम और पैसा खर्च होता है, जबकि बाजार में किसी भी खिलौने का दाम एक पैसे से अधिक नहीं मिलता।'

दुर्लभ ई. साहित्य कार्नर

□□

शक्तिनाथ कुम्हारों के इस दृष्टिकोण से सहमत नहीं हो पाता था। वह यह भी नहीं समझ पाता था कि कलात्मक ढंग से रंगे और बेढब तरीके से रंगे खिलौने के दाम में कोई अंतर क्यों नहीं रहता ? क्या लोगों को कला और सुरुचि की कोई परख नहीं ? यदि कुम्हारों की बात सच है तो फिर रंग की समानता-असमानता की चिंता ही क्यों की जाए ? वस्तुत: खिलौने तो लड़कों के लिए खरीदे जाते हैं, जो घड़ी-दो घड़ी उनसे खेलते हैं, अपना जी बहलाते हैं और फिर उन्हें इधर-उधर बेपरवाही से फेंक देते हैं। उनके टूटने-फूटने की कोई चिंता नहीं करते।

शक्तिनाथ द्वारा सवेरे घर से लाई और खाने से बची मूड़ी-मुड़की उसकी थाली के छोर में बंधी है। शक्तिनाथ गांठ खोलकर मूड़ी-मुड़की को चबाता हुआ अनमने भाव से अपने टूटे-फूटे मकान के आंगन में आ खड़ा हुआ। घर में कोई भी नहीं था। बूढ़े और बीमार पिता जमींदार के घर मदनमोहन भगवान की पूजा-आरती के लिए गए हुए थे। वहां से वह भगवान पर चढ़ाया नैवेद्य-फल, सब्जी, चावल आदि घर लाते हैं और फिर भात पकाकर आप भी खाते हैं और बेटे को भी खिलाते हैं। घर के आंगन में कुंद, कनेर और हारसिंगार के वृक्ष तो हैं, किंतु गृहलक्ष्मी के अभाव में उपवन ने वन का रूप ले लिया है। वृद्ध मधुसूदन भट्टाचार्य अपने जीवन के दिन पूरे कर रहे हैं। शक्तिनाथ कहीं से फूल तोड़ता, किसी टहनी को खींचता-तोड़ता और किन्हीं वृक्षों के पत्तों से खेलता अकारण इधर-उधर घूमने-फिरने लगा।

शक्तिनाथ प्रतिदिन कुम्हारों के पास जाता है। उन्होंने अब उसे खिलौनों को रंगने का काम सौंप दिया है। सरकार नामधारी कुम्हार अच्छे खिलौने छांटकर शक्तिनाथ को थमाता और कहता, 'लो महाराज! आप इन्हें रंगिए।' शक्तिनाथ दोपहर तक इसी काम में लगा रहता। वह चाहे जितनी सावधानी से और बढ़िया ढंग से क्यों न रंगता, फिर भी बाजार में प्रति खिलौना एक पैसे में ही बिकता, किंतु शक्तिनाथ का मन रखने के लिए सरकार झूठ-मूठ में उसके रंग खिलौनों के दो-दो पैसे में बिकने को कह दिया करता। इसलिए शक्तिनाथ का प्रसन्न होना स्वाभाविक ही था।

❑❑

इस गांव के कायस्थ जमींदार देवों और ब्राह्मणों के प्रति गहरा भक्ति-भाव रखते हैं। उनके यहां गृहदेवता मदनमोहन की मूर्ति शालिग्राम की बनी हुई है और उनके साथ विराजमान श्री राधाजी की प्रतिमा स्वर्ण-रचित है। दोनों विग्रह चांदी के सिंहासन पर प्रतिष्ठित हैं। मंदिर की दीवारों पर श्रीकृष्ण लीला से संबंधित अनेक सुंदर भित्ति चित्र हैं और देव-मूर्तियों पर शुद्ध एवं मूल्यवान रेशम का चंदोवा है। नैवेद्य आदि रखने के लिए संगमरमर की एक सुंदर वेदी बनी है। पुष्प, चंदन, धूप, दीप तथा अगर-तगर आदि सुगंधित द्रव्यों से मंदिर सुरभित हो रहा है। ऐसा लगता है, मानो स्वर्ग इसी मंदिर में उतर आया है। सुगंध से वातावरण शुद्ध, पवित्र और आनंदमय बन गया है।

❑❑

बहुत दिनों से भी पहले की बात है, जमींदार बाबू राजनारायण ने जवानी के ढलते ही मृत्यु को सिर पर नाचता मान लिया था। यह बात उन दिनों की है, जब उन्होंने धन-ऐश्वर्य के उपभोग की अवधि के उत्तरोत्तर घटने के तथ्य का साक्षात्कार कर लिया था और मंदिर के एक ओर खड़े होकर वह जीवन की नश्वरता पर रो उठे थे। उन दिनों उनकी इकलौती लड़की अपर्णा केवल पांच वर्ष की थी। अपने पिता के पास खड़ी होकर वह अबोध लड़की मधुसूदन भट्टाचार्य को ठाकुरजी की पूजा करते देखा करती थी। भट्टाचार्य शालिग्राम पर चंदन लगाते, सिंहासन को फूलों से सजाते और धूप-दीप जलाकर आरती उतारते। संध्या के समय भी वह पुरोहितजी को मदनमोहन की आरती करते देखती थी। पुरोहितजी द्वारा मंत्रों के पाठ किए जाने पर वह मधुर संगीत से भाव-विभोर हो जाती थी।

समय बीतने के साथ अपर्णा बड़ी होने लगी और भगवान के प्रति उसकी निष्ठा भी परिपक्व होने लगी। मंदिर को पिता की अत्यंत प्रिय एवं श्रद्धा की वस्तु मानकर वह भी उसकी रक्षा के प्रति सजग रहने लगी। अपने सभी कामों—खेलकूद, रांधना-पकाना तथा सीना-पिरोना—को निबटाते हुए वह यह सिद्ध करने का सदैव प्रयास करती थी कि मंदिर की देखभाल एवं व्यवस्था उसकी प्राथमिकता है। इसलिए

वह सारा दिन मंदिर के आसपास ही बनी रहती। कहीं मंदिर के आसपास किसी प्रकार गंदगी, यहां तक कि सूखे कुम्हलाए पुष्पों को पड़ा नहीं रहने देती थी। यदि कहीं पानी गिर गया दिखता, तो तत्काल अपने आंचल से पोंछ डालती।

लोग तो बाबू राजनारायण की देवभक्ति को उनकी सनक समझते थे, किंतु बेटी की देवनिष्ठा तो बाप की भक्ति की सीमा को भी लांघ गई थी। पुराने पुष्प-पात्र को छोटा समझकर दूसरे बड़े पुष्प-पात्र को मंगवाने में वह एक पल की देर न लगाती। चंदन की कटोरी को पुरानी पड़ गई मानकर दूसरी नई मंगवा ली जाती। नैवेद्य और भोग-सामग्री की मात्रा भी नित्य-प्रति बढ़ती ही जाती थी। अपर्णा द्वारा प्रतिदिन किसी-न-किसी बहाने विशेष पूजा के अनुरोध से तो वृद्ध पुरोहित घबराने और परेशान होने लगे थे। जमींदार बाबू बेटी की इस गहरी निष्ठा एवं रुचि से उल्लसित हो उठते। वह प्रायः लोगों से कहते रहते थे, 'नारायण ने अपनी पूजा के लिए लक्ष्मीजी को मेरे घर भेज दिया है। जो यह कहती है, यह सब करते चलो!'

❑❑
समय आने पर अपर्णा का विवाह हो गया। मंदिर को छोड़कर जाना उसे असह्य लग रहा था। उसे ससुराल भेजने के लिए मुहूर्त निकलवाया जा रहा है। शुभ-मुहूर्त के निकट आने पर पतिगृह के लिए प्रस्थान से पूर्व अपर्णा अपने पिता से बोली, 'बाबूजी, मेरे न रहने पर भगवान की सेवा की व्यवस्था किसी प्रकार भंग नहीं होनी चाहिए।'

रोते हुए वृद्ध ने आश्वासन दिया, 'बेटी, चिंता मत करो, सब ठीक-ठाक चलता रहेगा।'

मातृविहीन होने के कारण मायके से विदा होते समय अपर्णा रो न सकी, चुपचाप चल दी। जिस प्रकार युद्ध में अपने वीर सैनिकों को हताहत हुआ देखकर सेनापति अपने सीने पर पत्थर रखकर चल देता है, उसी प्रकार अपने आंसुओं को दबाकर अपर्णा भी अपने स्वामी के पास चल दी। अपने कर्त्तव्यपालन का स्मरण कर अपने आंसू पोंछती अपर्णा को याद आया कि उसने अपने वृद्ध पिता के आंसू तो पोंछे ही नहीं, अतः वह अपने से ही अपनी शिकायत करते हुए आंसू बहाने लगी।

दुर्लभ ई. साहित्य कार्नर

वह मंदिर के शंख व घंटे के नाद को न सुन पाने और आरती की गंध न ले पाने के विचार से व्यथित होने लगी। वह सोचने लगी कि क्या दूसरे गांव में किसी मंदिर का शंखनाद, घंटावादन, देव-पूजन तथा आरती-गायन आदि देखना-सुनना सुलभ होगा अथवा नहीं? मंदिर छूट जाने की वेदना के असह्य हो जाने से अर्चना ने पालकी का परदा हटा दिया और पीछे छूटे जा रहे वृक्षों को तन्मयता से देखने लगी। साथ चल रही ससुराल की दासी ने दौड़कर अपर्णा से कहा, 'बहूजी, इसमें रोने-धोने की क्या बात है? ससुराल जाना तो सभी लड़कियों के लिए मंगलमय होता है, यह तो सौभाग्य का लक्षण होता है।'

अपर्णा ने रोना बंद कर दिया और परदा वापस पालकी पर डाल दिया। अपने इष्टदेव की प्रतिमा के सामने धूप-दीप जलाकर वृद्ध पिता राजनारायण भगवान से पुत्री की रक्षा करने की प्राथना कर रहे थे तथा बीच-बीच में जाती हुई लड़की को देखते भी जा रहे थे।

❑❑
पति के साथ संभाषण में अपर्णा को किसी प्रसन्नता की अनुभूति नहीं हुई। अपने स्वामी से प्रथम मिलन में होने वाले सहज संकोच, लज्जा, उत्सुकता तथा उत्कट आवेग जैसे किसी भी भाव का अनुभव उसे नहीं हुआ। इसलिए पितृगृह छोड़ने की उसकी उदासी और खिन्नता किसी भी रूप में कम नहीं हुई। अपर्णा और उसके पति अमरनाथ का एक-दूसरे के प्रति व्यवहार कुछ इस प्रकार था, मानो दो एक-दूसरे के अपराधी एक-दूसरे से आंख चुराने की चेष्टा कर रहे हों।

एक बार अर्द्धरात्रि में अपर्णा को संबोधित करते हुए अमरनाथ ने पूछा, 'क्या तुम्हें यहां रहना नहीं सुहाता?'

जाग रही अपर्णा बोली, 'नहीं।'

अमरनाथ, 'क्या मायके जाना चाहती हो?'

अपर्णा का उत्तर था, 'हां।'

अमरनाथ, 'क्या कल ही जाना चाहोगी?'

अपर्णा, 'मुझे कोई आपत्ति नहीं।'

अमरनाथ यह सब जानकर क्रुद्ध हो उठा और बोला, 'यदि मैं तुम्हें जाने की अनुमति न दूं, तो?'

‘तो यहीं निर्वाह कर लूंगी।’

कुछ देर की चुप्पी के बाद अमरनाथ ने फिर से पुकारा, ‘अपर्णा!’

जाग रही अपर्णा खीजकर बोली, ‘क्यों परेशान करते हो?’

‘अपर्णा! क्या तुझे मेरी कोई आवश्यकता नहीं है?’

अपने शरीर को भली-भांति ढकती हुई अपर्णा बोली, ‘इन बातों से लड़ाई-झगड़ा होता है, इसे रहने दो।’

‘तुम्हें कैसे मालूम कि झगड़ा होता है?’

‘मायके में मेरे मझले भैया और भाभी प्रतिदिन इसी बात पर लड़ते-झगड़ते रहते थे। मुझे लड़ाई-झगड़ा पसंद नहीं।’

अमरनाथ उत्तेजित हो उठा, वह इसी अवसर की बाट जोह रहा था, किंतु उसे सूझ नहीं रहा था कि अपर्णा से संभोग का प्रस्ताव कैसे करे? वह अपनी पत्नी के अंगों को सहलाते हुए और उसे अपने पास खींचते हुए बोला, ‘आओ, हम भी लड़ाई-झगड़ा करें। ऐसे पड़े रहने से क्या लाभ?’

अपर्णा बोली, ‘झगड़ा करना अच्छा नहीं होता, आप चुपचाप सो जाइए।’

इसके बाद आंखों में सारी रात बिताता अमरनाथ यह न जान सका कि अपर्णा जागती रही है या सो गई है।

अपर्णा का पूरा दिन, सवेरे से शाम तक घर के काम-काज और पूजा-पाठ में बीता जाता है। रस-रंग में उसकी रुचि को न देखकर उसकी आयु की स्त्रियां आश्चर्य प्रकट करतीं और उसे ‘गुसांइजी’ कहकर उसका उपहास उड़ाती थीं। सहेलियों द्वारा चेष्टा किए जाने पर भी अपर्णा उनके साथ मेलजोल न बढ़ा सकी। स्वामी से प्रेम न मिलने के कारण उसका मन पितृगृह के मंदिर में अटका था और ससुराल में बीत रहा जीवन उसे व्यर्थ जाता लगता था। उसे लगता था कि मंदिर के देव की पूजा करने में ही उसके जीवन की सार्थकता है। इसलिए वह भीतर-ही-भीतर जलती-धधकती अपना समय बिताने लगी।

❑❑

दिन के लगभग नौ-दस बजे अमरनाथ अपनी पत्नी अपर्णा को प्रसन्न करने की इच्छा से उसे देने के लिए एक उपहार लाया है। स्नान

के बाद पूजा-गृह को जाती अपर्णा से अत्यंत मृदु मधुर स्वर में अमरनाथ बोला, 'अपर्णा मैं तुम्हारे लिए उपहार लाया हूं, क्या लेने की कृपा करोगी ?'

मुस्कराते हुए अपर्णा बोली, 'क्यों नहीं लूंगी ?'

प्रसन्न होकर अमरनाथ रेशमी रूमाल में लपेटे बक्से का ढक्कन खोलने लगा। ढक्कन पर स्वर्णाक्षरों में अपर्णा का नाम लिखा था। अपर्णा के मनोभाव को देखने के लिए अमरनाथ ने आंख उठाई तो पत्नी के भावहीन एवं उदास चेहरे को देखकर उसके उत्साह पर पानी पड़ गया। यंत्रवत् चल रहे हाथों से उसने बक्सा खोला और उसमें से इत्र आदि की शीशियां निकालने लगा, तो अपर्णा ने उसे रोकते हुए पूछा, 'क्या यह सब मेरे लिए लाए हो ?'

बुझे स्वर में अमरनाथ बोला, 'नहीं तो और किसके लिए ? बहुमूल्य सुगंधित द्रव्य हैं।'

अपर्णा ने पुनः पूछा, 'क्या बक्सा भी मेरे लिए है ?'

अमरनाथ के 'हां' कहने पर अपर्णा बोली, 'तो फिर बक्से में से शीशियों को निकालने की क्या आवश्यकता है ?'

'ठीक है, नहीं निकालता। तुम इनका प्रयोग करोगी न ?'

सुनकर अपर्णा का हाव-भाव, चेहरा और कंठ स्वर बदल गया। वह भोगवृत्ति के स्थान पर त्यागवृत्ति की स्थिति में आ गई। उसे अपने पति का अनुरोध एक गंदा मजाक-सा लगा, किंतु फिर भी, उसने पति का मन रखने के लिए कहा, 'फेंक नहीं दिया जाएगा, मैंने उपयोग न भी किया तो घर के दूसरे लोग इनका उपयोग कर लेंगे।' यह कहकर पति की प्रतिक्रिया को जानने की परवाह न करके वह चलती बनी।

अमरनाथ ठुकराए उपहार पर हाथ रखकर किंकर्त्तव्यविमूढ़ बना बैठा रहा। उसने न जाने पहले कितनी बार अपने को धिक्कारा-फटकारा, फिर अपर्णा का नाम लेकर बोला, 'अपर्णा, तुम हृदयहीन जड़ प्राणी हो।' इसी के साथ वह अपनी आंखों से आंसू बहाने लगा। वह बार-बार अपने आंसू पोंछता, किंतु आंसुओं का प्रवाह थमने का नाम ही नहीं लेता था। वह मन-ही-मन बोला, 'यदि अपर्णा ने लेने से इनकार किया होता, तब तो कुछ विचार करता, किंतु यह तो जूते मारने

जैसी बात है।' एक बार तो उसका मन किया कि पूजा के आसन से बलपूर्वक अपर्णा को खींचकर इधर ले आऊं और उसके सामने इस उपहार को नष्ट कर दूं। इसके साथ ही सबके सामने इस महिला का मुंह न देखने के अपने संकल्प का भी उद्घोष करूं।

एक दूसरा विचार उसके मन में यह भी आया कि वह घर-द्वार को छोड़कर और शरीर पर भस्म लगाकर बाबाजी बन जाए और अपर्णा पर किसी दैवी संकट के समय उसके उद्धार के लिए उपस्थित हो जाए। इस प्रकार वह कितने प्रकार की व्यावहारिक-अव्यावहारिक विकल्पों पर मन-ही-मन सोच-विचार करता रहा। उसके मस्तिष्क में अनेक कल्पनाएं उत्पन्न और विलीन होती रहीं। इस प्रकार खोया-खोया वह वहीं बैठा रहा, किसी भी निर्णय पर न पहुंच सका।

❏❏

इस घटना के बाद दो दिन और दो रातें बीत गईं, अमरनाथ घर पर सोने नहीं आया। पता लगने पर मां ने बहू को डांटा-फटकारा और बेटे को ऊंच-नीच समझाई। दादी मां ने पति-पत्नी के झगड़े पर चुटकी ली। इस पर दोनों का रुख नरम पड़ गया। अपर्णा क्षमा-याचना के स्वर में बोली, 'मेरे व्यवहार से आप क्षुब्ध हुए, इसके लिए मुझे खेद है।' अमरनाथ बिना कुछ बोले बिस्तर की चादर को ठीक करने की अनावश्यक चेष्टा करने लगा। उदास चेहरा लेकर सामने खड़ी अपर्णा बोली, 'क्या आप मुझे क्षमा नहीं कर सकते?'

अमरनाथ बोला, 'तुम्हारे किस अपराध के लिए तुम्हें क्षमा दी जाए? मैं कौन होता हूं तुम्हें क्षमा करने वाला?'

पति के दोनों हाथों को अपने हाथों में लेकर उन्हें सहलाते हुए अपर्णा बोली, 'आप तो मेरे स्वामी हैं, मेरे सिर के ताज हैं, आपसे क्षमा पाए बिना मैं यहां से नहीं हटूंगी। हां, यह बताइए कि आप मुझसे किस कारण रुष्ट हैं?'

अमरनाथ द्रवित हो उठा और बोला, 'मैं तुमसे नाराज नहीं हूं।'

'पक्की बात?'

'हां, पक्की बात।'

विश्वास न आने पर भी विवाद को अधिक तूल न देने की इच्छा से

अपर्णा ने पति के कथन को सत्य मान लिया। इसके बाद वह निश्चिंत होकर पलंग पर एक ओर सो गई।

अपर्णा के इस प्रकार अपने कथन पर विश्वास करने पर अमरनाथ आश्चर्य प्रकट करने लगा। वह सोचने लगा कि यदि मैं रुष्ट नहीं था, तो दो दिन घर पर क्यों नहीं आया? बिना खाए-पिए क्यों बाहर भटकता फिरता रहा? इस ओर अपर्णा ने विचार क्यों नहीं किया? इस विचार से अमरनाथ सो नहीं सका। उसने उठकर अपर्णा को आवाज दी, 'क्या तुम्हें नींद आ रही है?'

जाग उठी अपर्णा बोली, 'क्यों, कुछ कहना है?'

'हां, मैं कलकत्ता जाने की सोच रहा हूं।'

'क्या कॉलेज की छुट्टियां समाप्त हो गई हैं? दो-चार दिन और रुकते तो अच्छा होता।'

'नहीं, अब जाना ही होगा।'

थोड़ा रुककर अपर्णा ने पूछा, 'आप मुझसे रुष्ट होकर तो नहीं जा रहे हैं?'

यही सत्य था और दोनों इसे जानते भी थे, किंतु फिर भी अमरनाथ अपने मुंह से कुछ कह नहीं सका। उसने पत्नी की साड़ी के पल्लू को पकड़ा तो सही, परंतु पकड़े न रह सका। वस्तुतः वह इस आशंका से भयभीत हो उठा था कि कहीं उसके व्यवहार से अपर्णा के आत्मसम्मान को ठेस न पहुंच जाए, किंतु अपर्णा के उपेक्षापूर्ण व्यवहार ने तो उसे एकदम निरुत्साहित कर दिया। पति के रूप में जीवन-भर की संचित उसकी शक्ति को अपर्णा ने चार-पांच दिनों की अल्प अवधि में ही तेजहीन बना दिया था। अब उसे यह नहीं सूझता था कि वह किस कारण अपना क्रोध प्रकट करे।

अपर्णा बोली, 'आपके रुष्ट होकर कलकत्ता चले जाने पर मुझे दुख होगा।'

अमरनाथ सत्य को छिपाकर झूठ-मूठ बोला, 'मैं तुमसे नाराज नहीं हूं।' अपने झूठ को सत्य सिद्ध करने के लिए वह अपर्णा के अनुरोध पर दो दिनों के लिए रुक भी गया। अंततः अपने मन की बात न कह पाने की विवशता की टीस लिए वह कलकत्ता रवाना हो गया।

□□

जोर की वर्षा का एक लाभ यह होता है कि वृक्ष और पेड़-पौधे धुल जाते हैं। दूसरे मेघ टूट जाने से आकाश साफ हो जाता है। इसके विपरीत बूंदाबांदी से एक तो चारों ओर कीचड़ फैल जाता है और दूसरे न घर में बैठा जाता है, न ही बाहर निकला जाता है। घर से उदासी लेकर कलकत्ता पहुंचे अमरनाथ का मन स्वस्थ न हो सका। उसे अपने परिचितों और मित्रों से अपनी व्यथा-कथा कहना सही नहीं लगा, इसलिए उसका भारी मन हल्का नहीं हो सका। मन के भारीपन के कारण न तो वह पढ़ पा रहा था और न ही खेल-कूद रहा था। वह अपनी छाती पर भारी पत्थर लिए फिरता था, जिससे उसका अंग-अंग दुख रहा था। वह इस भार को उठा फेंकने को आकुल-व्याकुल हो उठा, किंतु चाहकर भी उससे मुक्त न हो सका।

इस प्रकार भीतर-ही-भीतर घुलते रहने से अमरनाथ बीमार पड़ गया। पता चलने पर चिंतित माता-पिता दौड़े-दौड़े आए, किंतु वे अपने साथ अपर्णा को नहीं लाए। अमरनाथ को अपर्णा के आने की आज्ञा न होने पर भी, उसके न आने से उसका मन उदास हो गया। उसका रोग निरंतर बढ़ता जा रहा था, वह पत्नी से मिलने को उत्कंठित था, किंतु मुंह से कह नहीं पाता था। उसके माता-पिता को भी यह नहीं सूझा। वे अपने पुत्र की चिकित्सा और पथ्य पर ध्यान देते रहे। एक दिन अमरनाथ इस लोक को छोड़कर चल दिया।

विधवा होने पर अपर्णा जड़ हो गई। वह अपने दुर्भाग्य के लिए स्वयं को उत्तरदायी मानकर अपने को कोसने लगी। उसने बाहर से धाड़ मारकर रोते-बिलखते पिता का करुण-क्रंदन सुना। उसे उनके आने के बारे में कुछ भी मालूम नहीं था। उसने खिड़की खोलकर देखा कि उसके पिता राजनारायण बच्चे की तरह रो-बिलख रहे हैं। पिता को रोते देखकर अपर्णा भी और अधिक विह्वल होकर आंसू बहाने लगी।

शाम होने पर पिता ने बेटी को छाती से लगाकर सांत्वना दी।

कुछ देर तक दोनों पिता-पुत्री बिलखते रहे, फिर शांत होने पर पिता ने कहा, 'बिटिया, मदनमोहन ने तुझे अपने पास बुलाया है।'

अपर्णा बोली, 'चलो बापू, उनकी यही इच्छा है।'

दुर्लभ ई. साहित्य कार्नर

पिता ने 'चलो बेटी' कहकर अपर्णा को अपनी छाती से लगाया और उस दुख-कष्ट को सहने को कहा। दूसरे दिन समधी-समधिन से मिलकर राजनारायण बिटिया को अपने घर लिवा ले गए। घर पहुंचकर बिटिया से बोले, 'बेटी, ये रहे तेरे मदनमोहन और यह रहा तेरा मंदिर।'

अलंकारविहीन मलिन वेशभूषा में विधवापन का भार ढोती अपर्णा दो दिनों में ही बुढ़िया हो गई थी। अब न उसके चेहरे पर चमक है, न मन में उत्साह है और न ही तन में शक्ति है। अपनी इस दीन-हीन दशा को भगवान की इच्छा मानकर उसे स्वीकार करने के सिवा वह कर भी क्या कर सकती है?

अपने इष्टदेव मदनमोहन के सामने करबद्ध होकर खड़ी अपर्णा ने अपने पति को स्वर्ग-सुख देने और अपने को इस घोर कष्ट सहन करने की शक्ति देने की प्रार्थना की।

शक्तिनाथ मन लगाकर प्रतिमा बनाने में जुटा था। इस ब्राह्मण का मन पूजा-पाठ की अपेक्षा मूर्ति-रचना में अधिक लगता है। मूर्ति बनाते समय वह सदैव यही सोचता रहता था कि मूर्ति के नेत्र, कान, नाक और उसका रूप-रंग कैसा होना चाहिए। अब वह अपने को देवता का एक क्षुद्र सेवक न समझकर उसे अभिनव रूप देने वाला स्रष्टा कलाकार मानने लगा था। अचानक अब पिता ने ज्वर ग्रस्तता के कारण अपने असमर्थ होने से पुत्र शक्तिनाथ को जमींदार के यहां ठाकुरजी की पूजा के लिए जाने का आदेश दिया।

पुत्र ने कहा, 'अभी मैं प्रतिमा-निर्माण में व्यस्त हूं।'

पुत्र के इस उत्तर से क्रुद्ध पिता ने कहा, 'बेटा, बच्चों के इस खेल को छोड़ और पहले आवश्यक काम निबटाने की चिंता कर।'

पूजा कराने में और मंत्र-पाठ में रुचि न होने पर भी पिता की आज्ञा का पालन करने के लिए शक्तिनाथ को जाना ही पड़ा। स्नान करके चादर और अंगोछे को कंधे पर डालकर शक्तिनाथ जमींदार के देव-मंदिर में उपस्थित हुआ। इससे पहले वह कई बार इस देव-मंदिर में आ चुका है, किंतु आज पूजा-सामग्री की अधिकता से वह चकित रह गया। आज धूप, दीप, नैवेद्य के रूप में फल, मिष्ठान की मात्रा सामान्य से कहीं अधिक थी। वह सोचने लगा कि इतने अधिक नैवेद्य का वह कैसे

उपयोग कर सकेगा। इसके साथ ही वह यह भी सोचने लगा कि अधिक सामग्री का अर्थ है, उसे अधिक देवी–देवताओं का पूजन–आराधन करना पड़ेगा। अपर्णा तो उसके लिए सर्वाधिक आश्चर्य का विषय है और आज तक वह कहां थी, इत्यादि बातों से वह चकित हो उठा।

अपर्णा के प्रश्न 'क्या तुम भट्टाचार्य के बेटे हो?' के उत्तर में शक्तिनाथ के 'हां' कहने पर महिला ने उसे पांव धोकर पूजा कराने के लिए बैठने को कहा।

पूजा कराने बैठा शक्तिनाथ ठीक से पूजा न करा सका। इसके कई कारण थे। एक तो उसे मंत्र आदि कुछ भी याद नहीं था, दूसरे पूजा–पाठ में विश्वास न होने के कारण उसका मन भी नहीं लग रहा था। फिर अपर्णा के रूप–सौंदर्य ने उसे सम्मोहित कर दिया था। उसका मन उसमें रमा हुआ था, अतः वह पूजा–पद्धति में उलटफेर तथा गड़बड़ करने लगा। सच्चे परीक्षक के रूप में सब कुछ देखती अपर्णा को शक्तिनाथ का अनाड़ीपन और उसका उखड़ापन समझते कुछ भी देर नहीं लगी। वह समझ गई कि कभी घंटा, कभी शंख और कभी करताल बजाकर, कभी मूर्ति पर पुष्प तो कभी नैवेद्य चढ़ाकर वह अनाड़ी समय गंवा रहा है और पूजा का ढोंग कर रहा है। अपर्णा बचपन से पूजा देखती रही है, इसलिए वह काफी अनुभवी थी, शक्तिनाथ जैसे व्यक्तियों से वह धोखा खाने वाली नहीं थी। पूजा समाप्त होने पर अपर्णा ने व्यंग्य करते हुए कहा, 'तुम कैसे ब्राह्मण कुमार हो, जो पूजा कराना भी नहीं जानते?'

शक्तिनाथ के 'जानता हूं' कहने पर उत्तेजित स्वर में अपर्णा बोली, 'तुम कुछ भी नहीं जानते हो, निरे बुद्धू हो।'

अपर्णा की इस टिप्पणी पर लज्जित–व्यथित शक्तिनाथ बिना कुछ बोले, उसके चेहरे की ओर देखने लगा और यथाशीघ्र वहां से खिसकने के लिए बाहर निकलने लगा। अपर्णा ने उसे रोका और कहा, 'महाराज, यह सामग्री लेते जाइएगा, किंतु कल नहीं आना, अपने पिताजी को भेजना, वह नहीं आएंगे तो हम अपने आप पूजा निबटा लेंगे। आपको आने की आवश्यकता नहीं है।'

अपर्णा ने शक्तिनाथ की चादर और अंगोछे में सारा नैवेद्य बांधकर

दे दिया। शक्तिनाथ बाहर निकला तो सिंह के आक्रमण से बचे व्यक्ति के समान थर-थर कांपने लगा था।

अपर्णा ने फिर से पूजा का सामान जुटाया और किसी दूसरे ब्राह्मण को बुलाकर उससे पूजा संपन्न कराई।

◻◻

एक मास बीतने पर जमींदार राजनारायण से आचार्य यदुनाथ ने कहा, 'आपके मंदिर की पूजा कराना भट्टाचार्य के छोकरे के बस का काम नहीं।'

जमींदार समर्थन में बोले, 'अपर्णा का भी यही मानना है, आप एकदम ठीक कहते हैं।'

प्रसन्न होकर आचार्य ने गंभीर स्वर में कहा, 'बिटिया बुद्धिमती है। बचपन से बहुत कुछ देखती रही है, अत: उसने अवश्य ठीक ही कहा होगा।'

जमींदार वास्तव में इस विचार से सहमत थे। उन्हें पक्का करते हुए आचार्य ने कहा, 'यजमान, आप पूजा मुझसे कराएं अथवा अन्य किसी से, इसमें कोई अंतर नहीं पड़ता। मैं तो केवल आपसे एक ही बात कहना चाहता हूं कि पुरोहित योग्य होना चाहिए। मधु भट्टाचार्य अपने जीवनकाल में पूजा कराते रहे, किंतु अब उनके अयोग्य पुत्र को उनके स्थान पर पुरोहित बनाना उचित नहीं, क्योंकि उसे खिलौने बनाने और उन्हें रंगने के सिवा कुछ आता ही नहीं है। पूजा-पाठ में तो उसकी रुचि ही नहीं है।'

राजनारायण ने कहा, 'मैं आपको अपना पुरोहित बनाने के पक्ष में हूं, किंतु निर्णय लेने से पूर्व मुझे बिटिया की राय लेनी होगी।'

पिता के मुंह से नए ब्राह्मण को पुरोहित बनाने के प्रस्ताव को सुनकर अपर्णा बोली, 'पिताजी, ऐसा करना एक दरिद्र ब्राह्मण के पेट पर लात मारना होगा। आप उसे हटा देंगे तो उस बेचारे का निर्वाह कैसे होगा? वह जैसा भी है, ब्राह्मण का पुत्र है। वह जैसा भी जानता है, उसे पूजा कराते रहने दीजिए।'

पुत्री की बात सुनकर जमींदार पिता ने कहा, 'वाह, बिटिया वाह! भगवान ने कैसी उत्तम बुद्धि दी है। मुझे तो यह सब सूझा ही नहीं।

तुम्हारा मंदिर है, तुम्हारी पूजा है, इसलिए किसी को रखने न रखने के निर्णय लेने का अधिकार भी तुम्हें ही है। मैं हस्तक्षेप नहीं करूंगा। तुम जिसे चाहो, रखने के लिए स्वतंत्र हो।'

पिता के चले जाने पर अपर्णा ने शक्तिनाथ को बुलाकर उसे अपने विचार से अवगत कराया। वस्तुत: पहले दिन ही अपर्णा की डांट से शक्तिनाथ को इधर आने का साहस नहीं हुआ था। फिर बीच में उसके पिता स्वर्ग सिधार गए। इसके अलावा आजकल वह स्वयं भी कुछ शिथिल चल रहा है। अपर्णा ने शक्तिनाथ के उदास और मुरझाए चेहरे को देखा तो वह द्रवित होकर बोली, 'जब अपने पिता के स्थान पर तुम्हीं को पूजा करानी है, तुम जैसी भी पूजा कराओगे, भगवान स्वीकार करेंगे, ऐसा मेरा विश्वास है।'

अपर्णा के स्नेहपूर्ण आश्वासन से संतुष्ट होकर शक्तिनाथ सावधानी से पूजा कराने लगा। पूजा के बाद उसकी आवश्यकता जितना नैवेद्य उसे थमाने के साथ अपर्णा ने पहले उससे कहा, 'महाराज, आपने अच्छे ढंग से पूजा कराई है।' फिर पूछा, 'क्या आप स्वयं अपना खाना पकाते हैं?'

शक्तिनाथ बोला, 'हां, जब मन करता है तो पका लेता हूं। स्वस्थ न होने पर नहीं भी पकाता।'

'तुम्हारा कोई सगा-संबंधी नहीं है?'

'नहीं।' कहकर शक्तिनाथ चला गया।

उसके प्रति सहानुभूति रखती अपर्णा देव-प्रतिमा के समक्ष करबद्ध होकर बोली, 'प्रभो, इस अनाथ बेचारे द्वारा कराई पूजा में त्रुटियां व भूल-चूक न देखना। इसकी पूजा को स्वीकार करना और हमें अभीष्ट फल प्रदान करना।'

अपर्णा उस दिन से दासी के माध्यम से शक्तिनाथ के रहन-सहन पर नजर रखने लगी तथा उसकी दैनिक आवश्यकताओं की पूर्ति करने लगी। इस प्रकार उसने शक्तिनाथ को बिना बताए, उस निराश्रय को आश्रय दिया और उसका भार स्वयं अपने कंधों पर ले लिया। बस, उस दिन से ये दोनों किशोर और किशोरी पूजा के माध्यम से सात्त्विक प्रेम की डोरी में बंध गए। शक्तिनाथ मंत्रपाठ करता है तो अपर्णा उस मंत्र के

अनुवाद अथवा अर्थ को देवता के समक्ष दोहरा देती है। अंगुली से संकेत करते हुए अपर्णा सिंहासन को सजाने, भोग लगाने तथा आरती करने की विधि बताती रहती है और शक्तिनाथ यंत्र के समान आज्ञा का पालन करता जाता है। इस प्रकार पूजा का क्रम चल निकला तो आचार्य ने चुटकी ली, यह तो बच्चों का खेल चल रहा है, किंतु अपर्णा ने ध्यान ही नहीं दिया। राजनारायण ने कहा, 'आचार्यजी, मेरी तो यही चेष्टा है कि किसी तरह लड़की अपने वैधव्य को भूली रहे।'

❑❑

जिस प्रकार रंगमंच पर पल-भर में पर्वत और मेघ-वर्षा के दृश्यों के उपरांत मरुस्थल के दृश्य दिखा दिए जाते हैं, रोने-बिलखने के बाद सुख-संयोग के मधुर दृश्य उपस्थित कर दिए जाते हैं, उसी प्रकार शक्तिनाथ के दुख-दैन्य का जीवन भी सुख-शांति के जीवन में परिवर्तित हो गया है। उसे यह सब ऐसे लगता है, मानो निद्रा में बुरे स्वप्नों को देख रहा व्यक्ति अचानक जाग उठा हो। फिर भी, घर में पड़े खिलौने रह-रहकर उसे इस सत्य का भान करा देते हैं कि उसे मिल रही चिकनी-चुपड़ी के लिए उसे अपनी स्वतंत्रता की बलि चढ़ानी पड़ी है और अपने कला-कौशल के विकास का गला घोंटना पड़ा है। उसे यह साफ हो गया था कि वह अपर्णा के हाथों बिक चुका है। उसका स्वतंत्र व्यक्तित्व समाप्त हो चुका है और वह क्रीतदास के रूप में जीवन जीने को विवश है।

एक दिन कलकत्ता में रह रहा शक्तिनाथ का ममेरा भाई अपनी बहिन के विवाह के उपलक्ष में निमंत्रण देने उसके पास गांव आ पहुंचा, तो शक्तिनाथ प्रसन्न हो उठा और विवाह में सम्मिलित होने और कलकत्ता जाने को तैयार हो गया। शक्तिनाथ का शहरी भाई रात-भर कलकत्ता की शान-शौकत, सफाई-सुंदरता, समृद्धि-संपन्नता, फैशन-खुलापन, घूमने-फिरने और मौज-मस्ती करने की कहानियां बढ़ा-चढ़ाकर सुनाता रहा। सुनते-सुनते शक्तिनाथ इस प्रकार सम्मोहित हो उठा, मानो अभी उड़कर कलकत्ता पहुंच जाएगा। अगले दिन शक्तिनाथ पूजा कराने नहीं गया तो अपर्णा ने उसे बुलवा भेजा। वहां जाकर शक्तिनाथ बोला, 'मैं अपने ममेरे भाई के पास कलकत्ता जा रहा हूं।'

इसके बाद जड़ बनकर खड़े शक्तिनाथ से अपर्णा ने पूछा, 'कितने दिनों के बाद उधर से लौटोगे?'

'जब मामा आने देंगे, लौट आऊंगा।' कहते हुए शक्तिनाथ कांप रहा था।

अपर्णा चुप हो गई।

अब यदुनाथ अपर्णा के मंदिर की पूजा कराने लगे। अपर्णा देखती रहती, किंतु न वह कुछ कहती और न ही उसे कुछ कहने की इच्छा होती।

कलकत्ता आने पर शक्तिनाथ कुछ दिन घूमा-फिरा और उसने मौज-मस्ती की, परंतु मन भर जाने पर वह गांव जाने को अकुलाने लगा। रात में वह अपर्णा द्वारा बुलाए जाने के सपने देखने लगा और सारा दिन खाली बैठा ऊबने लगा। आखिर उसने मामा को गांव लौटने की अपनी इच्छा से अवगत कराया।

मामा ने शहर में रहकर पढ़ने-लिखने के लिए समझाया, नौकरी लगवाने का आश्वासन दिया, गांव में जीवन नष्ट न करने को कहा, किंतु शक्तिनाथ के न मानने पर मामा ने जाने की अनुमति दे दी।

बड़ी बहू ने शक्तिनाथ से पूछा, 'क्या कल घर जा रहे हो?'

'हां।'

'क्यों, क्या अपर्णा से मिलने को बेचैन हो?'

'हां।'

'क्या वह बहुत स्नेह करती है और तुम्हारा बहुत ध्यान रखती है?'

'हां।'

बड़ी बहू शक्तिनाथ के भोलेपन पर खूब मुस्कराई और बोली, 'लालाजी, क्या तुम भी उससे स्नेह करते हो?'

शक्तिनाथ के 'हां' कहने पर बड़ी बहू बोली, 'तो यदि उसके लिए ये दो चीजें ले जाओगे तो वह इस उपहार पर मुग्ध हो जाएगी।'

यह कहकर बड़ी बहू ने दिलकश इत्र की थोड़ी-सी सुगंध शक्तिनाथ पर छिड़की तो शक्तिनाथ अत्यंत प्रसन्न हो उठा और आभार प्रकट करते हुए बड़ी बहू से दोनों शीशियां ले लीं और अपने गांव लौट आया।

❑❑

दुर्लभ ई. साहित्य कार्नर

शक्तिनाथ जब अपर्णा के मंदिर में प्रविष्ट हुआ तो पूजा समाप्त हो चुकी थी। वह अपने झोले में इत्र की शीशियां लिए रहता था, किंतु उसे वे शीशियां अपर्णा को देने का साहस नहीं होता था। उसे लगता था कि इस अंतराल में अपर्णा उससे बहुत दूर हो गई है। उसके लिए बड़ी साध से कलकत्ता से उपहार लाने की बात अपर्णा से कहना संभव नहीं हो पा रहा था और बिना कहे निर्वाह भी नहीं था। वह प्रतिदिन शीशियां लाता और लौटा ले जाता। वह अपर्णा के प्रसन्न मुद्रा में आने की प्रतीक्षा में दिन बिताए जा रहा था।

आज ज्वरग्रस्त होने पर भी शक्तिनाथ पूजा कराने आया है। वह अपनी व्यथा की बात नहीं करता, किंतु अपर्णा को उसके असामान्य और भूखा होने का पता चल गया। उसने पूछा, 'महाराज, भूखे लगते हो?'

उदास शक्तिनाथ बुझे स्वर में बोला, 'रात में ताप चढ़ आता है।'

'ताप-पीड़ित हो तो पूजा के लिए आने की क्या आवश्यकता थी? सूचित कर दिया होता।'

आंखों से आंसू बहाते शक्तिनाथ ने थैले से शीशियां निकालीं और अपर्णा के सामने रखकर कहा, 'तुम्हारे लिए कलकत्ता से लाया हूं।'

'मेरे लिए?'

'हां, तुम्हें सुगंध अच्छी लगती है न?'

जिस प्रकार गरम दूध थोड़ी-सी आंच पर भी खौलने लगता है, उसी प्रकार अपर्णा भी क्रोध से उबलने लगी। शीशियों को देखकर ही उसने उनमें भरे द्रव का अनुमान लगा लिया और फिर गंभीर, क्रुद्ध एवं उत्तेजित स्वर में बोली, 'लाओ!'

शक्तिनाथ से शीशियां लेकर अपर्णा ने उन्हें पूजा के सूखे फूलों के कूड़ेदान पर फेंक दिया। डर के मारे शक्तिनाथ कांपने लगा। अपर्णा चीखकर बोली, 'महाराज, तुम इतने नीच और पतित हो, यह मैं सोच भी नहीं सकती थी। अब तुम इधर कभी मत आना।' कहते हुए अपर्णा ने शक्तिनाथ को अपनी अंगुली से मंदिर से बाहर चले जाने का संकेत किया।

❏❏

यदुनाथ आचार्य पिछले तीन दिनों से पुनः पूजा के लिए आने लगे हैं

और अपर्णा उदास भाव से पूजा में सम्मिलित होने लगी है। मानसिक रूप से अपर्णा अनुपस्थित रहती है और शरीर से यंत्रवत् धूप-दीप, पुष्प-माला, नैवेद्य आदि सब कुछ रखकर पूजा निपटाती है। आज अपनी चादर में नैवेद्य बांधते समय आचार्य ने ठंडी सांस लेकर कहा, 'बेचारा लड़का बिना इलाज के चल बसा।'

अपर्णा ने उत्सुक होकर पूछा, 'कौन मर गया है?'

'क्या तुम्हें कुछ मालूम नहीं? अरे, वही मधु भट्टाचार्य का छोकरा कई दिनों की बीमारी के बाद आज शांत हो गया।'

अपर्णा को अपनी ओर ताकते देखकर यदुनाथ ने कहा, 'आजकल पाप का फल हाथों-हाथ मिल रहा है। देवता के साथ किए गए खिलवाड़ का परिणाम तुम्हारे सामने ही है।'

आचार्य के चले जाने पर अपर्णा द्वार बंद करके बिलखने लगी। वह भगवान से शिकायत करती हुई बोली, 'प्रभो! यह तुम्हारी कैसी लीला है?'

बहुत देर बाद सचेत होकर उसने सूखे पत्तों के बीच धंसी उन दोनों शीशियों को निकालकर अपने सिर-माथे से लगाया और भगवान के चरणों में रखकर बोली, 'प्रभो! उस अभागे के इस उपहार को आप ही स्वीकार कर लो। इसे आप अपने हाथों से की गई मेरी पूजा समझो और इसके पुण्य से उसे सद्गति प्रदान करो।'

❏❏❏

एकादशी वैरागी

ब्राह्मणों की आबादी वाले कालीदह के गांव के जमींदार गोपाल मुखर्जी का लड़का अपूर्व भी बचपन से लड़कों का सरदार रहा है। पांच-छह वर्ष तक कलकत्ता में रहने और बी. ए. (ऑनर्स) पास करके गांव में लौटने पर, तो अपूर्व की मान-प्रतिष्ठा में चार चांद लग गए। गांव के टूटे-फूटे स्कूल में पढ़ने वाले अपूर्व के साथी जहां नए फैशन के बाल कटवाने लगे थे, वहां लंबे समय तक शहर में रहकर और उच्च शिक्षा प्राप्त करके भी इस लड़के ने बालों की छटाई में परंपरा को अपनाकर बड़े-बुजुर्गों का मन मोह लिया था। गांव में आने से पहले अपूर्व कलकत्ता में अनेक सभाओं-आयोजनों में भाग लेकर तथा अनेक प्रतिष्ठित विद्वानों के प्रवचनों को सुनकर हिंदू धर्म के गूढ़ तत्त्वों को समझने में समर्थ हो गया था।

अत: वह हिंदू धर्म की प्रत्येक रीति-नीति को विज्ञानसम्मत बताता था। इसी के अंतर्गत वह सिर पर रखी शिखा को ब्राह्मण में व्याप्त विद्युत तरंगों को ग्रहण करने का माध्यम बताता था। पूजा-पाठ को मन की शांति और स्थिरता का साधन मानता था, यहां तक कि केले के सेवन से होने वाले रासायनिक लाभों की चर्चा भी करता था, जिसे सुनकर एक ओर, गांव के बड़े-बूढ़े उसकी बुद्धि का लोहा मानते तो दूसरी ओर उसकी प्रशंसा करते न थकते। गांव के लड़के अपूर्व का अनुकरण करके चोटी रखने लगे। गंगा-स्नान, देव-पूजा तथा व्रतोपवास आदि को स्त्रियों से भी कहीं अधिक गौरव देने लगे। इस प्रकार अपूर्व ने अत्यधिक लोकप्रियता प्राप्त कर ली।

हिंदू धर्म के पुनरुद्धार और देश-सेवा के क्षेत्र में अपूर्व के योगदान से प्रभावित होकर बड़े-बूढ़े उसके पूर्वजों तक को सराहने लगे, वे

गोपाल मुखर्जी को लक्ष्मी का कृपापात्र होने के साथ ऐसे सुपुत्र को पाने के लिए उन्हें सौभाग्यशाली बताने लगे। यह सचमुच ही लोगों के लिए आश्चर्य का विषय था कि आज के युग में अंग्रेजी में शिक्षा प्राप्त करने पर भी अपने धर्म-कर्म में प्रवृत्ति बनाए रखना एक प्रकार से अपवाद ही था। इसलिए देश के लोग अपूर्व *यथा नाम तथा गुण:* की उक्ति के आधार पर अपूर्व ही मानते थे।

जब अपूर्व ने तीन संस्थाओं—'हिंदू धर्म प्रचारिणी सभा', 'धूम्रपान निवारिणी सभा' तथा 'दुर्नीति दलन सभा'—की स्थापना की और इन संस्थाओं के कार्यक्रम होने लगे तो गांवों के अशिक्षित किसान-मजदूर तक विचलित हो उठे। अपूर्व को जब ताड़ी पीकर पंचकौड़ी द्वारा अपनी पत्नी को पीटने का पता चला तो अपनी बालमंडली के साथ उसके घर अपूर्व ने पंचकौड़ी को इस प्रकार डांटा-डपटा, डराया-धमकाया कि उसकी स्त्री डर के मारे गांव छोड़कर अपने पति के साथ मायके चली गई। ब्राह्मण पांडे के अविनाश को बहुत रात बीते गांजे के नशे में उच्च स्वर में गाना गाते हुए सुना तो उसे ऐसा पीटा गया कि बेचारे की नाक से खून बहने लगा। अपूर्व के दल के एक लड़के ने दुर्गा डोम के चौदह-पंद्रह साल के लड़के को बीड़ी पीते देखा तो उसे इस बुराई से हटाने के लिए जलती बीड़ी से उसकी पीठ दाग दी।

इस प्रकार अपूर्व ने अपने दल-बल की सहायता से गांव की बुराइयों को मिटाने और आदर्श को स्थापित करने में उल्लेखनीय योगदान दिया। उसने देखा कि गांव के स्कूल के पुस्तकालय में दो-चार फटी-पुरानी पुस्तकें हैं। पुस्तकालय की इस दीन-हीन दशा के लिए स्कूल के मुख्याध्यापक को उत्तरदायी ठहराते हुए उसने उन्हें खूब खरी-खोटी सुनाई और फिर उसने पुस्तकालय की स्थिति को सुधारने का बीड़ा उठा लिया। अपूर्व ने इसके लिए अपनी अध्यक्षता में एक समिति का गठन किया, दानी महाशयों से उघाई जाने वाली धन-राशि की तथा मंगाई जाने वाली पुस्तकों की सूची तैयार की।

गांव के लोग इन लड़कों के धर्म-प्रचार और समाज-सुधार की गतिविधियों को तो चुपचाप देखते आ रहे थे, इन सबके संचालन में इन्हें कोई आपत्ति नहीं थी, किंतु जब चंदा वसूल किए जाने का पता चला तो

गांव के छोटे-बड़े, धनी-निर्धन सभी वर्ग, स्थिति और स्तर के लोग चिंतित हो उठे। अपूर्व के दल के किसी लड़के को हाथ में रसीद-बुक और कलम लेकर अपनी ओर आता देखते ही लोग उनकी आंखों से ओझल हो जाते। प्रसन्नता से चंदा देने के लिए शायद कोई एक भी व्यक्ति तैयार नहीं था। इस स्थिति में चिंतित और परेशान अपूर्व के दिमाग में सहसा एक नया विचार कौंध गया।

अपूर्व ने स्कूल के पास ही पुराने, टूटे-फूटे एवं उपेक्षित पड़े एक मकान को देखा तो उसे पता चला कि आज से दस साल पहले किसी एक निंदनीय सामाजिक अपराध में लिप्त होने वाली एकादशी वैरागी को ब्राह्मणों ने समाज और जाति से बहिष्कृत कर दिया था। गांव के धोबी, नाई, मोची और मोदी आदि ने भी उसका काम करना बंद कर दिया था। इसके फलस्वरूप एकादशी अपने घर-गांव को छोड़कर यहां से दो कोस दूर बारुईपुर गांव में आ बसा है। उसके पुराने नाम का तो किसी को पता नहीं, किंतु उसकी संपन्नता की तूती बोलती है। अपूर्व ने सोचा कि नए स्थान पर वह अपनी वास्तविकता को छिपाकर रहता होगा। यदि उसे उसकी पोल खोलने की धमकी दी जाए, तो उससे चंदे के रूप में मोटी रकम वसूल की जा सकती है।

अपूर्व ने अपने साथियों से कहा, 'जब वह व्यक्ति एक ओर धनी है और दूसरी ओर पतित है, अपने दुराचरण को समाज से छिपाना चाहता है, तो क्यों न स्कूल की लायब्रेरी के लिए पूरी न सही, आधी धनराशि उससे वसूल की जाए?'

लड़कों ने अपूर्व के इस विचार से सहमति जताई और दानियों की सूची में उसका नाम जोड़कर उसके नाम के सामने अपेक्षित धनराशि भी लिख दी। अपूर्व ने अपने साथियों को यह भी बताया कि यदि एकादशी ने चंदा देने से इनकार कर दिया तो उस गांव के जमींदार उसके ममिया ससुर हैं, उनसे अनुरोध करके वह यहां भी एकादशी का सामाजिक बहिष्कार करा देगा। वहां के धोबी-नाई भी उसका काम करना बंद कर देंगे। पंडित रसिक स्मृतिरत्न को पता चला तो उन्होंने बताया कि एकादशी को अपने इस गांव के घर से बड़ा मोह है, अतः वह मकान के बचाव के लिए धनराशि देने से इनकार नहीं करेगा।

वस्तुत: पंडित रसिक को एकादशी से अपना पुराना हिसाब चुकता करना था। दो साल पहले पंडितजी इस धरती को अपने बगीचे में मिलाना चाहते थे, इसके लिए उन्होंने एकादशी के सामने इसे बेचने का प्रस्ताव भी किया था। रसिक पंडित के प्रस्ताव के उत्तर में एकादशी ने कहा था, 'थोड़ी-सी धरती के लिए ब्राह्मण से दाम लेने का अधर्म मैं नहीं कर सकता।' यह सुनकर पंडितजी फूले नहीं समाए और आशीर्वादों की वर्षा करने लगे, किंतु थोड़ी देर में एकादशी ने करबद्ध होकर कहा, 'महाराज! मैं अपने पूर्वजों के वचन से बंधा हूं। मेरे पिताजी ने मरते समय अपने सिर की शपथ देकर मुझसे कहा था कि खाने के तुम्हें भले लाले पड़ जाएं, किंतु इस घर को कभी अपने हाथ से न जाने देना।' यह सुनकर पंडितजी इतने हताश हुए, मानो उन पर बिजली गिर पड़ी हो। आज उन्हें अपने इस अपमान का प्रतिशोध लेने का अवसर मिल गया था।

योजना बनाने के चार-पांच दिनों के बाद योजना को कार्यरूप देने के लिए अपूर्व का दल सवेरे दो कोस पैदल चलकर एकादशी के घर जा पहुंचा। एकादशी का घर मिट्टी का होने पर भी लिपा-पुता और साफ-सुथरा था। गले में तुलसी की मालाएं डाले, दाढ़ी-मूंछ मुंड़ाए और सूखा चेहरा लिए एकादशी बैठा था। जिस प्रकार गन्ना मशीन में पिलकर भी दूसरों का खून चूसते-चूसते एकदम इस प्रकार नीरस और निर्मम हो गया है कि उसके चेहरे पर गहरी वेदना छाई हुई है।

उसके चेहरे को देखकर अपूर्व को इस कृपण से कुछ मिलने की आशा धूमिल हो गई। चंडी-मंडप में बिछी एक छोटी-सी दरी पर एकादशी बैठा हुआ है, उसके सामने लकड़ी का बक्सा है और पास में बही-खातों का ढेर लगा हुआ है। चारों ओर उदास चेहरा लिए अलग-अलग आयु के बहुत सारे लोग बैठे हैं। उनके साथ बैठा जनेऊधारी एक बूढ़ा गुमाश्ता उनसे बातचीत कर रहा है। ये सारे आसामी कुछ लेने के लिए आए प्रतीत होते हैं। ऐसा कोई नहीं दिखता, जो ऋण लौटाने आया हो।

अचानक सभ्य परिवारों के सुशिक्षित इतने सारे लड़कों को अपने घर आया देखकर एकादशी चकित हो गया। गुमाश्ते ने स्लेट को एक

दुर्लभ ई. साहित्य कार्नर

ओर रखकर पूछा, 'आप लोग कौन हैं और यहां किस प्रयोजन से आए हैं?'

अपूर्व ने उत्तर दिया, 'हम सभी ब्राह्मण हैं और कालीदह से आए हैं।'

ब्राह्मण शब्द सुनते ही एकादशी ने खड़े होकर और सिर झुकाकर उन्हें प्रणाम किया। इसके बाद अत्यंत विनम्र स्वर में बैठने की प्रार्थना की।

लड़कों के बैठ जाने पर एकादशी ने भी आसन ग्रहण किया।

गुमाश्ते ने पूछा, 'आप लोग किस प्रयोजन से यहां आए हैं?'

अपूर्व ने पुस्तकालय की उपयोगिता पर संक्षिप्त भाषण देकर चंदे की बात छेड़ी तो देखा कि एकादशी ने उसे अनावश्यक समझकर उधर ध्यान देना ही उचित नहीं समझा। वह खंभे के पास बैठी स्त्री को संबोधित करके कहने लगा, 'हारू की मां, क्या तुम्हारा दिमाग तो खराब नहीं हो गया, जो सात रुपये दो आने ब्याज में से दो आने अपने छुड़वाने चाहती हो? इससे अच्छा तो यह होगा कि तू मेरा गला काट दे, फिर मेरे न रहने से तुम्हें ऋण चुकाना ही नहीं पड़ेगा।'

इसके बाद इन दो आने के लिए दोनों पक्षों में जमकर ऐसी खींचा-तानी हुई, मानो इसी रकम पर इन दोनों का जीवन निर्भर हो। दोनों का वाक्-युद्ध समाप्त होने में ही नहीं आ रहा था। एकादशी छोड़ने को तैयार नहीं था, तो हारू की मां बिना छुड़ाए मानने को तैयार नहीं थी। इस लड़ाई का अंत होता न देखकर अधीर हुआ अपूर्व बीच में ही बोल पड़ा, 'तुम्हारी लड़ाई तो चलती रहेगी, हमें तो चंदा देकर चलता करो।'

एकादशी बोला, 'आप लोगों से मैं अभी बात करता हूं।' कहकर वह दूसरे आसामी से बोला, 'क्यों रे नफ़र, क्या तू हमें दिवालिया बनाने पर तुला है, जो पिछले दो रुपये तो चुकाए नहीं ऊपर से और एक रुपया मांगने चला आया? अच्छा, क्या पिछला ऋण का सूद भी लाया है या नहीं?'

नफ़र ने अपनी अंटी से एक आना निकालकर एकादशी को दिया तो वह बोला, 'अरे, तीन महीने का सूद है, दो पैसे और चाहिए, ला दे।'

हाथ जोड़कर नफ़र बोला, 'मालिक, मेरे पास और कुछ भी नहीं है। किसी की मिन्नत-खुशामद करके बड़ी कठिनाई से एक आना उधार लाया हूं, दो पैसे आपके बाकी रहे, अगली हाट के दिन दे जाऊंगा।'

'तो क्या तेरी अंटी में और कुछ नहीं?'

'नहीं, तो क्या दो पैसों के लिए झूठ बोलूंगा? यदि मेरे पास पैसे निकलें तो मेरे मुंह में कीड़े पड़ जाएं।'

इस पर भी एकादशी को विश्वास नहीं आया। वह बोला, 'जब एक आना उधार ला सकता है, तो डेढ़ आना नहीं ला सकता था?'

'मालिक नहीं मिले तो क्या करूं? कभी यकीन भी कर लिया करो।' अपूर्व का धीरज चुकता जा रहा था, अतः वह बीच में ही बोल उठा, 'आप भले आदमी प्रतीत होते हैं, हमें...'

अपूर्व के कथन की उपेक्षा करके एकादशी ने सामने से गुजरते बाग्दी को बुलाया और उसे नफ़र की तलाशी लेने को कहा।

परान बाग्दी के आगे बढ़ने से पहले ही नफ़र ने अपने बगल में दवाई अंटी में से दो पैसे निकालकर एकादशी के आगे फेंक दिए। एकादशी उसकी इस बदतमीजी पर जरा भी नहीं खीजा। उसने चुपचाप पैसे उठाए और अपने बक्से में रख दिए। इसके बाद उसने गुमाश्ते को नफ़र का सूद जमा करने को कहा। फिर एकादशी नफ़र से बोला, 'तुझे एक रुपये की क्या जरूरत पड़ गई है?'

नफर ने उत्तर दिया, 'क्या बिना जरूरत के मांगने आया हूं?'

एकादशी ने कहा, 'मैंने तुझे पूरा रुपया दे दिया तो तू उसे इधर-उधर कर देगा, मेरी मान आठ आने ले जा।'

इसके बाद काफी देर तक 'चख-चख' के बाद नफर बारह आने लेने पर राजी हुआ।

अंत तक प्रतीक्षा करते हुए इन लड़कों को काफी देर हो चुकी थी। अनाथनाथ ने मौका देखकर चंदे की लिस्ट एकादशी के आगे रख दी और उससे कहा, 'हम और अधिक नहीं रुक सकते। आपको जो देना है, देकर हमें चलता कीजिए।'

एकादशी ने लिस्ट उठाई और पंद्रह मिनट तक बड़े ध्यान से आदि से अंत तक उसे देखता रहा और फिर लंबी सांस लेकर बोला, 'क्या मुझ जैसे बूढ़े आदमी को भी चंदा देना पड़ेगा?'

बड़ी कठिनाई से अपने क्रोध को दबाते हुए अपूर्व ने कहा, 'बड़े-बूढ़े दान नहीं करेंगे तो क्या बच्चे करेंगे? बच्चे देना भी चाहें तो भी वे

दुर्लभ ई. साहित्य कार्नर

बड़े-बूढ़ों से ही तो मांगेंगे ? क्यों, क्या मैंने कुछ गलत कहा है ?'

इस प्रश्न का उत्तर दिए बिना एकादशी बोला, 'स्कूल को बने तो बीस-पच्चीस साल हो गए हैं, आज तक तो लायब्रेरी के लिए चंदा मांगने कभी कोई नहीं आया। पता नहीं, आप लोग यह नया बखेड़ा क्यों ले बैठे हो ? खैर, छोड़ो। अब आप लोग आए ही हैं तो कुछ देना ही पड़ेगा। मेरे अपने बच्चे भले ही लायब्रेरी की पुस्तकें न पढ़ें, गांव के लड़के तो पढ़ेंगे। घोषालजी, तुम्हारी क्या राय है ?'

बात टालने की इच्छा से गुमाश्ता बोला, 'मैं कुछ समझा नहीं।'

एकादशी ने कहा, 'ठीक है, मैं चंदा देने को सहमत हूं, आप लोग किसी दिन आकर चार आने ले जाइएगा।'

गुमाश्ते की ओर उन्मुख होकर एकादशी बोला, 'क्यों घोषालजी चार आने से कम देना तो अच्छा नहीं लगता। ये बेचारे इतनी दूर से मेरा नाम सुनकर और आशा लगाकर आए हैं, इन्हें निराश करना भी तो ठीक नहीं।'

क्रोधावेश में अपूर्व कुछ नहीं बोल सका। अनाथनाथ ने कहा, 'क्या हम लोग चार आने के लिए इतनी दूर से आए हैं ? और वह लेने के लिए भी किसी और दिन आना पड़ेगा ?'

एकादशी विनम्र और धीमे स्वर में बोला, 'क्या आप लोगों ने अपनी आंखों से नहीं देखा कि अपने हक के दो पैसे वसूल करने में कितने कष्ट उठाने पड़ते हैं ? कितने घटिया तरीके अपनाने पड़ते हैं ? बिना कुछ वसूली किए तो देने का सुभीता हो ही नहीं सकता।'

अब अपूर्व अपने क्रोध पर काबू न रख सका। वह खड़ा होकर उत्तेजित स्वर में बोला, 'जब यहां भी नाई-धोबी तुम्हारा बहिष्कार करेंगे, तो सुभीता होते देर नहीं लगेगी। अरे नीच-पिशाच! चंदन लगाकर यहां रंगा सियार बना बैठा है। तुझे नहीं पता कि हम तेरी असलियत को भली-भांति जानते हैं।'

विपिन ने अंगुली से धमकाते हुए एकादशी से कहा, 'बारुईपुर के जमींदार राखालदास बाबू हमारे संबंधी हैं, उन्हें तुम्हारी वास्तविकता बतानी ही पड़ेगी।'

बूढ़ा एकादशी हत्बुद्धि होकर टुकुर-टुकुर देखता रहा। बच्चों के

इदस क्रोधावेश के कारण को जानना उसकी समझ से बाहर था। अपूर्व ने कहा, 'गरीबों का खून चूस-चूसकर तू मोटा होता जा रहा है। तुझे पाठ पढ़ाए बिना हम जाने वाले नहीं।'

अपने को अपमानित करके गांठ से दो पैसे निकलवाने वाले एकादशी की इस दुर्दशा पर नफ़र का प्रसन्न होना स्वाभाविक था। वह बोला, 'आप लोगों ने इसे ठीक ही पहचाना है, यह वैरागी नहीं, पिशाच है, पिशाच! मेरे साथ दो पैसों के लिए इसके द्वारा किए दुर्व्यवहार को तो आप लोगों ने अपनी आंखों से देख ही लिया है।'

बूढ़े वैरागी पर पड़ रही फटकार से वहां बैठे आसामी मन-ही-मन प्रसन्न हो रहे थे। उनके चेहरे के हाव-भाव को देखकर विपिन उत्साहित हो उठा और वैरागी को धमकाता हुआ बोला, 'यहां तुम लोगों को इनके भीतरी रूप का भले ही पता न हो, किंतु हम तो इनकी सारी पोल जानते हैं। यह हमारे गांव के ही आदमी हैं, कोई बाहर के थोड़े ही हैं।' एकादशी की ओर उन्मुख होकर वह बोला, 'क्यों रे बुड्ढे, सच-सच बताना, क्या अपने गांव में नाई, धोबी और मोची आदि ने तुम्हारा काम करने से इनकार किया था या नहीं?'

पुरानी बात होने पर भी यह सभी लोगों को मालूम थी। वह वैष्णव न होकर गोप जाति में उत्पन्न हुआ था। उसकी इकलौती सौतेली बहिन ने किसी प्रलोभनवश किसी विजातीय को अपना लिया था। एकादशी बड़े श्रम से उसे ढूंढ़ सका था। लोगों ने उसके इस कुत्सित आचरण पर 'थू-थू' की थी, किंतु एकादशी मातृ-पितृविहीन उस बहिन को छोड़ न सका। एकादशी का भी इस संसार में अपना कहलाने वाला कोई नहीं था। अपनी इस सौतेली बहिन को उसने बचपन में खूब लाड़-प्यार किया था। एकादशी ने पूरे ठाट-बाट से उसका विवाह किया था और फिर छोटी आयु में उसके विधवा हो जाने पर उसे अपने घर ले आया था। कच्ची आयु में समझ की कमी से बहिन के पैर फिसलने पर एकादशी ने रो-रोकर अपना बुरा हाल कर लिया था। उसका खाना-पीना, सुख-आराम सब हराम हो गया था। उसे ढूंढ़ने में वह कितना अधिक परेशान और दुखी हुआ, इसे केवल वह और उसके अंतर्यामी ही जानते हैं।

117

गांव वालों ने एकादशी से अपनी इस कलंकिनी बहिन को घर से निकालने और प्रायश्चित करने को कहा, किंतु वह अपनी बहिन को घर से बाहर करने को सहमत नहीं हुआ। उसके इस हठ के कारण समाज ने उसका हुक्का-पानी बंद कर दिया। गांव के धोबी, नाई आदि ने उसे अछूत मानकर उसका काम करना बंद कर दिया, जिससे परेशान होकर एकादशी अपने गृह गांव को छोड़कर बारुईपुर आ बसा। यद्यपि उसकी कहानी किसी से छिपी नहीं, तथापि इसकी चर्चा से एकादशी को न तो सुख मिलता है और न ही किसी की दृष्टि में उसका सम्मान बढ़ता है।

अत: किसी के कलंक की कहानी को सुनने में लोगों का मजा लेना तो स्वाभाविक ही है। कलंक कितना भी पुराना क्यों न हो, फिर भी अपयश और अपमान का कारण तो बना ही रहता है। एकादशी से यह तथ्य छिपा नहीं है। इसकी भनक कहीं उसकी बहिन गौरी के कान में न पड़ जाए और फिर से दुखी और परेशान न हो उठे, इस चिंता से एकादशी जड़ बनकर बैठा चुपचाप सब सुनता रहा। उसने अपने मुंह से एक शब्द भी नहीं बोला। एकादशी की इस विवशता पर अपूर्व का ध्यान गया तो वह चुप हो गया।

विपिन गरजता हुआ बोला, 'क्या तुमने हमें भिखारी समझ रखा है, जो इस कड़ी धूप में दो कोस पैदल चलकर चार आने लेने आए हैं? अब हम क्या इसी ताक में रहें कि कब तुम्हारा आसामी तुम्हारा ब्याज चुकाता है और कब तुम्हारा मन हमें कुछ देने का बनता है? पता लग जाने पर, फिर इसी तरह हमें एक दिन आना होगा और बाबू साहब की खुशामद करनी पड़ेगी। लोगों का खून चूस-चूसकर तुम्हारा पेट ही मोटा नहीं हो गया, अक्ल भी मोटी हो गई है। तुम सोचते हो कि तुम्हारा कोई कुछ नहीं बिगाड़ सकता, किंतु मैं प्रतिज्ञा करता हूं कि यदि मैंने तुम्हारी जड़ न हिला दी तो मेरा नाम विपिन भट्टाचार्य नहीं। पैसा आ जाने पर छोटी जाति के लोगों का अकड़ना स्वाभाविक ही है। चलो अपूर्व, उठो, इसका जो कुछ करना होगा, सोच-विचार के बाद वह सब अवश्य ही करेंगे।' यह कहकर वह अपूर्व को खींचता हुआ बाहर चल दिया।

इस प्रतीक्षा और वाद-विवाद में ग्यारह बज गए थे। धूप में पैदल चलने से अपूर्व को प्यास सताने लगी थी और उसने किसी नौकरानी

दुर्लभ ई. साहित्य कार्नर

को थोड़ी देर पहले पानी लाने को कह दिया था। विपिन द्वारा किए गए तर्जन–गर्जन में अपूर्व को यह सब विस्मृत–सा हो गया था, किंतु अब सहसा उसने देखा कि एक युवती पानी का गिलास और बताशे की तश्तरी लिए उसकी ओर आ रही है। इस पर अपूर्व को अपनी प्यास और पानी मंगाने की बात याद हो आई। सत्ताईस–अट्ठाईस वर्ष की गौरी देखने में छोटी जाति की बिल्कुल नहीं लगती थी। लगता है कि स्नान करके और सफेद पट्ट धारण कर पूजा पर बैठने जा रही होगी कि दासी से ब्राह्मण द्वारा जल की मांग का पता चला होगा और पूजा छोड़कर स्वयं जल लेकर आ गई है। समीप आकर उसने पूछा, 'जल किसे पीना है ?'

विपिन ने व्यंग्य किया कि, 'क्या तुम्हारे द्वारा पाट की साड़ी पहन लेने से ब्राह्मण के लिए तुम्हारे हाथ का जल ग्रहण करना उचित हो जाएगा ? अरे, इस अप्सरा को देखो तो सही ।'

सुनते ही विधवा गौरी के हाथ से बताशों से भरी तश्तरी नीचे गिर गई। विपिन द्वारा किए गए महिला के इस अपमान से अपूर्व अपने को अत्यंत लज्जित अनुभव करने लगा। उसने विपिन को कुहनी मारते हुए कहा, 'यह सब क्या बचपना कर रहे हो, लगता है कि तुम्हें किससे क्या बोलना चाहिए, इसका कुछ भी ज्ञान नही है ।'

ठेठ गांव का आदमी होने के कारण विपिन किसी को भी खरी–खोटी सुनाने में कोई कोर–कसर उठा नहीं रखता। उसकी दृष्टि में नर–नारी का भी कोई भेद नहीं। उसकी मान्यता है कि काने को काना कहना असभ्यता नहीं। अत: वह अपूर्व की सीख पर और भी अधिक बिगड़ गया और चिल्लाकर बोला, 'क्या मैंने कुछ झूठ कहा है ? सत्य कहने में भय अथवा संकोच कैसा ? इसका साहस तो देखो, ब्राह्मणों को जल पिलाने आ गई है। अरे, मैं तो सारे बाजार में, सबके सामने इसकी पोल खोल सकता हूं। इसे थोड़ी–सी भी लाज होती तो चुल्लू–भर पानी में डूब मरती ।'

अपूर्व समझ गया कि इस हठी साथी को समझाना जलती आग में तेल डालने जैसा कर्म है। इसलिए वह बोला, 'बंधु, शांत हो जाओ, जल लाने को मैंने कहा था, अब निकल चलो यहां से ।'

दुर्लभ ई. साहित्य कार्नर

तश्तरी उठाकर खंभे की ओट में खड़ी गौरी एकादशी की ओर उन्मुख होकर बोली, 'भैया, चंदा लेने आए इन लोगों को तुमने चंदा तो दे दिया होगा?'

अब तक जड़ बनकर बैठा एकादशी व्याकुल स्वर में बोला, 'बहिन, अभी दे रहा हूं।'

अपूर्व की ओर देखता और हाथ जोड़ता एकादशी बोला, 'मुझ गरीब के लिए चार आना बहुत है, इन्हें स्वीकार करने की कृपा करें।'

कुछ कठोर कहने जा रहे विपिन को अपूर्व ने संकेत से रोक दिया। चार आने के पीछे ऐसी बेहूदगी हो जाने के बाद स्वयं अपूर्व को वैरागी का दान अग्राह्य लगा। इससे वह बोला, 'वैरागी, तुम जैसे गरीब से कुछ लेकर हम तुम्हें भूखा नहीं मारना चाहते। अब तुम्हें कुछ नहीं देना है, तुम निश्चिंत हो जाओ।'

वैरागी के लिए यह समझना कठिन नहीं था कि इस इनकार का कारण क्रोध है। अतः लंबी सांस छोड़कर बोला, 'यह भी कैसा कलिकाल है, श्रद्धापूर्वक दिए जाने वाले दान को नकारा जा रहा है। इसका अर्थ तो यह हुआ कि आप लोग दान के नाम पर दूसरे का गला काटने में भी संकोच नहीं करेंगे। घोषालजी, जब ये लोग इस राशि से संतुष्ट नहीं तो इन्हें पांच आना दे दीजिए और इस राशि को मेरे खाते में डाल दीजिए।'

यह कहकर वैरागी ने एक बार पुनः ठंडी आह भरी। उसके चेहरे पर उभरी विवाद की रेखाओं को देखकर अपूर्व को हंसी आ गई और वह सोचने लगा कि सूद पर पलने वाला यह महाजन एक आने को बड़ी राशि समझ रहा है। साथ ही इस राशि के निकल जाने से कितना अधिक व्यथित, चिंतित और परेशान भी हो रहा है। अपूर्व हंसकर बोला, 'वैरागी, क्यों दुखी हो रहे हो, हम चंदे में चार-पांच आने लेते ही नही हैं। हम लोग जा रहे हैं। तुम्हें परेशान होने की कोई आवश्यकता नहीं है।'

अपूर्व को पूरी आशा थी कि ओट में खड़ी होकर सब कुछ सुनती वैरागी की बहिन गौरी इस राशि को बढ़ाने की वकालत अवश्य करेगी, परंतु उधर से ऐसी कोई प्रतिक्रिया सुनने को नहीं मिली। लिहाजा अपूर्व को पक्का विश्वास हो गया कि वैरागी सचमुच बहुत ही मोटा और

कृपण प्रकृति का व्यक्ति है, जिसके लिए चार-पांच आने बहुत राशि है। लगता है ये लोग पैसे को अपने जीवन तथा मान-सम्मान से कहीं अधिक महत्व देते हैं। ये लोग पैसे के लिए किसी भी स्तर तक गिर सकते हैं और पैसे के लिए किसी भी निकृष्टतम कार्य को कर सकते हैं।

अपने साथियों के साथ अपूर्व वहां से प्रस्थान करने ही वाला था कि अनाथ की दृष्टि गले में उत्तरीय डाले (बंगाल में किसी संबंधी की मृत्यु का सूचक) एक दस-ग्यारह वर्षीय बालक के साथ आई विधवा स्त्री पर पड़ी।

बालक को पहचानकर अनाथ ने पूछा, 'पुंटू, तू यहां कैसे आया है?'

पुंटू ने ओट में बैठी मां की ओर संकेत किया, तो बेचारी विधवा एकादशी की ओर संकेत करके बोली, 'पुंटू के पिता का स्वर्गवास हो गया है। उन्होंने इनके पास काफी रुपया जमा कर रखा है।'

एकादशी इन बेचारों के साथ कैसा व्यवहार करता है, यह देखने की उत्सुकता से अपूर्व और उसके साथी फिर से बैठ गए। अपूर्व को काफी देर से प्यास सता रही थी, किंतु वह भी यहां बैठ गया।

एकादशी ने पूछा, 'बेटा, तुम्हारा क्या नाम है और तुम कहां रहते हो?'

लड़के ने उत्तर दिया, 'मेरा नाम शशांक है और मैं इन्हीं के गांव कालीदह में रहता हूं।'

'तुम्हारे पिताजी का क्या नाम था?'

लड़के की ओर से अनाथनाथ ने उत्तर दिया, 'इसके पिता तो बहुत दिन पहले चल बसे थे। इसके बाबा रामलोचन चटर्जी जवान लड़के की मृत्यु का दुख न सह पाने के कारण घर-गृहस्थ को छोड़कर विरक्त हो गए थे। सात वर्षों के बाद एक महीना पहले वह घर लौटे थे कि परसों इन बेचारों के घर में लगी आग में वह शहीद हो गए हैं। इनके परिवार में कोई और पुरुष सदस्य नहीं है। यह लड़का, उनका इकलौता नाती ही उत्तराधिकारी है।' यह सब सुनकर जहां और सब तो काफी दुखी हुए, किंतु एकादशी निर्विकार बना रहा। थोड़ी देर में वह बालक से बोला, 'बेटा, अपनी मां से पूछो, रुपये जमा कराने की कोई रसीद तो होगी?'

मां से पूछकर लौटा बालक बोला, 'मां कहती है कि घर में लगी आग में सब कुछ जल जाने के कारण हमारे पास कुछ भी नहीं बचा।'

एकादशी ने पूछा, 'कितने रुपये जमा कराते थे?'

आगे बढ़कर आई विधवा स्त्री बोली, 'मरते समय बाबा ने पांच सौ रुपये बताए थे। वह आपके पास पैसा जमा कराकर तीर्थ यात्रा पर निकल गए थे, लौटने पर वह भगवान को प्यारे हो गए।' अपने आंसू पोंछती हुई वह बेचारी बोली, 'साहूजी, हम बहुत ही अभाव-पीड़ित दरिद्र व्यक्ति हैं। सारे रुपये न सही, कुछ थोड़े-बहुत भीख समझकर ही दे दीजिए।' खाता लिखना छोड़कर बड़े ध्यान से पूरी बात सुनते हुए गुमाश्ते घोषाल ने पूछा, 'रसीद-पर्ची न सही, कोई गवाह तो होगा?'

विधवा बोली, 'बाबा ने हमसे छिपाकर रुपये जमा कराए थे, फिर हम क्या जानें कि उस समय कोई प्रत्यक्षदर्शी उपस्थित था या नहीं?'

घोषाल ने कहा, 'लिखा-पढ़ी की रसीद नहीं, कोई गवाह नहीं, फिर क्या केवल कह देने से इतनी भारी रकम दी जा सकती है?'

विधवा फूट-फूटकर रोने लगी, किंतु इस रोने के परिणाम से सभी लोग भली प्रकार परिचित थे। घोषाल की ओर उन्मुख होकर एकादशी ने कहा, 'घोषालजी, मुझे कुछ-कुछ स्मरण हो रहा है कि किसी ने पांच सौ रुपये जमा कराए थे और फिर वापस नहीं लिए। तुम जरा पुराने खाते को खंगालने का कष्ट तो करो, शायद कहीं कुछ लिखा मिल जाए।'

घोषाल बोला, 'इतना माथा-पच्ची करने का क्या लाभ है साहब? जब न कोई लिखित प्रमाण है, न कोई साक्ष्य, तो फिर कौन-कौन सा खाता देखा जाए?'

अभी घोषाल की बात पूरी ही नहीं हुई थी कि दरवाजे की ओट से गौरी की आवाज सुनाई दी, 'रसीद अथवा गवाह न होने पर क्या ब्राह्मण की रकम डूब जाएगी? पुराने खाते को देखिए! आपका मन नहीं है तो बही-खाता मुझे दीजिए, मैं देख लेती हूं।'

सुनकर विस्मित हुए सभी लोगों की दृष्टि उठी, किंतु वह देवी किसी को दृष्टिगोचर नहीं हुई।

विनम्र स्वर में घोषाल ने कहा, 'इतने सारे पुराने खातों को देखने में काफी समय लगना निश्चित है। फिर खाते कोई क्रम में रखे भी

नहीं हैं, अत: एकदम किसी परिणाम पर पहुंचना मुझे संभव नहीं लगता। हां, इसमें कोई संदेह नहीं कि जमा कराए होंगे, तो कहीं लिखे हुए अवश्य मिलेंगे।'

विधवा ब्राह्मणी की ओर उन्मुख होकर घोषाल ने कहा, 'बेटी, रोने-धोने का कोई काम नहीं। ईमानदारी का रुपया कभी नहीं डूबता। कल तुम मेरे घर आना, विस्तार से मैं तुमसे सब कुछ पूछूंगा और वहीं बही-खाते निकालकर जांच भी लूंगा। इस समय तुम्हारे लिए कुछ किया जाना संभव नहीं। देख लो, शाम होने वाली है।'

अपनी सहमति जतलाती हुई विधवा बोली, 'ठीक है, कल प्रात: आपके घर आ जाऊंगी।'

'ठीक है, आ जाना।' कहकर गुमाश्ते ने बही-खाते बंद करके आज की छुट्टी की घोषणा भी कर दी।

गौरी को यह सब अच्छा नहीं लगा। पूछताछ के लिए किसी महिला को अपने घर बुलाने में क्या औचिय है, वह उसकी समझ में न आया। किवाड़ की ओट से गौरी बोली, 'घोषाल जी, आठ साल पहले की ही तो बात है, आप सम्वत् 1951 का खाता मुझे दीजिए, मैं ही देख लूंगी। आपको कष्ट नहीं करना पड़ेगा।'

घोषाल ने कहा, 'किंतु बेटी जल्दी क्या पड़ी है?'

गौरी बोली, 'दो कोस पैदल चलकर यह बेचारी यहां आई है, फिर इस जलती धूप में पैदल चलकर वापस जाएगी और फिर कल आपके पास आकर गिड़गिड़ाएगी, कमाल है! लाइए, खाता मुझे दीजिए, आपको परेशान नहीं होना पड़ेगा।'

एकादशी ने कहा, 'घोषालजी, गौरी बहिन ठीक तो कह रही है, विधवा ब्राह्मणी को व्यर्थ में चक्कर लगवाना और परेशान करना उचित नहीं। जल्दी से खाता देखिए।'

घोषाल को बुरा तो बहुत लगा, किंतु मालिक के उचित मंतव्य के विरुद्ध कुछ कहना भी नहीं बनता था। इसीलिए उन महाशय को 1951 का खाता निकालना ही पड़ा। दस एक मिनटों तक पन्ने उलटने-पलटने के बाद प्रसन्न होकर गुमाश्ते ने कहा, 'गौरी बेटी की स्मरणशक्ति

दुर्लभ ई. साहित्य कार्नर

सचमुच कमाल की है। इसी साल में रामलोचन चटर्जी की जमा रकम लिखी मिल गई है।'

एकादशी बोला, 'घोषालजी, अब जरा जल्दी से इसका सूद भी मिलाकर जोड़ दीजिए।'

चकित घोषाल ने पूछा, 'क्या ब्याज भी चुकाना पड़ेगा?'

एकादशी ने कहा, 'क्यों नहीं देना होगा? जब हमने रुपये अपने काम में लगाए हैं तो क्या ब्याज नहीं देंगे? एक-दो महीने को छोड़ दीजिए, किंतु सालों का भुगतान तो करना है, गिन लीजिए!'

सूद गिनकर घोषाल ने कहा, 'मूलधन के पांच सौ, ब्याज राशि दो सौ पचास। दोनों का जोड़ हुआ सात सौ पचास रुपये।'

विधवा ब्राह्मणी मन-ही-मन भगवान का धन्यवाद करने लगी, जिसने अत्यंत कृपापूर्वक उसकी प्रार्थना सुन ली। वह एकादशी की ओर देखकर बोली, 'नहीं, नहीं, सारे रुपये मैं कहां रखूंगी? अभी तो आप मुझे केवल पचास रुपये ही दे दीजिए।'

एकादशी ने कहा, 'ठीक है, जितने चाहिए उतने ले जाओ। मुनीमजी, खाता मुझे दिखाइए, इसे सही कर दूं। हां, तुम उसे बाकी रुपये की पक्की रसीद लिख दो।'

घोषाल बोला, 'मैं ही रकम को सही किए देता हूं।'

एकादशी बोला, 'मुझे क्यों नहीं दिखाते हो? मैं अपनी आंखों से देखना चाहता हूं।'

चार-पांच मिनटों तक खाते को ध्यान से देखने के बाद एकादशी ने घोषाल की ओर देखते हुए कहा, 'इस खाते में नकद रुपये के साथ एक जोड़ी मोती भी लिखे हैं। मुझे यह सब याद है। क्या तुम खाते को कभी सरसरी नजर से भी देखते हो?' असामियों के सामने मालिक द्वारा किए गए इस अपमान से घोषाल मन-ही-मन तिलमिला उठा।

काम निबट जाने पर अपने साथियों के साथ जाते अपूर्व के मन में गहरी हलचल मची हुई थी। साथ चल रहे घोषाल ने अपने घर चलने और जलपान करने का विनम्र अनुरोध किया।

अपूर्व और उसके साथी चुपचाप घोषाल के पीछे चल दिए। एकादशी की आलोचना करते हुए घोषाल बोला, 'इस छोटी जाति के

124

दुर्लभ ई. साहित्य कार्नर

लाला का साहस तो देखो कि मुझे छोटी-सी भूल के लिए सबके सामने अपमानित एवं लज्जित कर दिया। आप जैसे ब्राह्मणों के चरण इस दुष्ट के घर में पड़े, इसे यह अपना सौभाग्य मानता, आप लोगों को प्रसन्न करके भेजता तो इसकी सात पीढ़ियां तर जातीं, किंतु यह कृपण तो पांच आने में आप लोगों को चलता करने पर तुला था।'

विपिन बोला, 'दो-चार दिनों की देर है, मैं यहां भी इसके धोबी, नाई, मोची आदि से काम बंद कराकर अपने अपमान का बदला चुका लूंगा। राखाल बाबू हमारे निकट संबंधी हैं, वह हमारी बात को अनसुना नहीं करेंगे।'

घोषाल बोला, 'मैं कर्मकांडी ब्राह्मण हूं। दोनों समय संध्या-पूजन किए बिना जल पीने तक को पाप समझता हूं। दुष्ट एकादशी ने एक जोड़ी मोती के लिए मेरा पानी उतार दिया। क्या ऐसे दुष्ट का कभी भला हो सकता है? और उस हरामजादी को देखो, जिसे छूने पर प्रायश्चित करना पड़ता है, ब्राह्मण को पानी पिलाने का साहस करती है। यह धन का नशा नहीं तो और क्या है?'

अपूर्व अब तक सुनता जा रहा था, उसने अपनी ओर से एक भी शब्द नहीं कहा था, किंतु अब वह आगे बढ़ना छोड़कर और रास्ते में खड़ा होकर अनाथ से बोला, 'मुझे प्यास सता रही है, मैं वापस जा रहा हूं।'

आश्चर्य प्रकट करता हुआ घोषाल बोला, 'सामने ही तो मेरा घर है, यहां से आप क्यों लौटने लगे हैं?'

अपूर्व बोला, 'आप इन लड़कों को अपने घर ले जाकर जलपान कराइए, मैं एकादशी के घर का ही जल पीऊंगा।'

'एकादशी के घर का पानी?' सबके चेहरे तमतमाने लगे। विपिन ने अपूर्व के हाथ को अपने हाथ से खींचते हुए कहा, 'इस दोपहर की कड़ी धूप में यह मजाक अच्छा नहीं लगता। क्या तुम गिर गए हो, जो एकादशी के घर का जल ग्रहण करोगे?'

झटका देकर अपना हाथ छुड़ाते हुए अपूर्व दृढ़ स्वर में बोला, 'मैं सचमुच ही एकादशी के घर का पानी पीऊंगा। तुम लोग घोषाल महाशय के घर से खा-पीकर लौटोगे, तो मुझे वृक्ष के नीचे बैठा पाओगे।'

अपूर्व के दृढ़ निश्चय को देखकर घोषाल ने कहा, 'यह तो आप

125   दुर्लभ ई. साहित्य कार्नर

जानते होंगे कि आपको अपनी नादानी का प्रायश्चित करना पड़ेगा।'

अनाथ बोला, 'कहीं तुम्हारा सिर तो नहीं फिर गया?'

अपूर्व ने कहा, 'मुझे कुछ नहीं मालूम। जहां तक प्रायश्चित की बात है, उस पर फुर्सत में विचार कर लूंगा, किंतु अभी तो मैं अपने विचार पर दृढ़ हूं।'

कहता हुआ वह उस चिलचिलाती धूप में एकादशी के घर की ओर कदम बढ़ाने लगा।

□□□

दुर्लभ ई. साहित्य कार्नर

अनुराधा

विवाह के लिए सामान्यत: स्वीकृत अथवा निर्धारित आयु की सीमा को काफी अधिक लांघ जाने पर लड़की जितनी कम आयु की बताई जा सकती है, उतना सब कुछ किए जाने पर भी अनुराधा का विवाह हो जाने की कोई संभावना अब बिल्कुल नहीं रही। अब तो स्थिति यहां तक पहुंच गई है कि लड़के वाले इतनी बड़ी आयु की लड़की की ओर पहले तो देखते ही नहीं, यदि कहीं से दबाव पड़ता है, तो उस प्रस्ताव में रुचि नहीं लेते। इतना ही नहीं, उलटे उस पर फब्तियां कसने से भी नहीं चूकते। अनुराधा के बारे में तो अब मजाक के नाम पर किसी को चर्चा करना भी नहीं सुहाता।

अनुराधा की घटना का संबंध बाबा आदम के जमाने से नहीं, अपितु आजकल से है। आज के युग में इस बेचारी की जन्मपत्री मिलाने और कुल-शील की जांच-परख करने में यह लड़की तेईस की आयु पार कर गई, किंतु उपयुक्त वर नहीं मिल सका। यह तथ्य अविश्वसनीय लगने पर भी नितांत सत्य है।

आज सवेरे इस गांव के नए जमींदार कलकत्ता निवासी हरिहर घोषाल की कचहरी में यह घटना चर्चा का विषय बनी हुई थी। गांव को देखने आए हरिहर के लड़के विजय ने चुरुट को नीचे रखकर कहा, 'क्या गगन चटर्जी की बहिन मकान नहीं छोड़ती और अपनी बात हमसे कहना चाहती है?'

विजय ने क्रुद्ध स्वर में कहा, 'इसका अर्थ तो यह हुआ कि हमें अपना मकान खाली कराने के लिए किरायेदार के पास चलकर जाना पड़ेगा।'

नौकर के चुप रहने पर उत्तेजित विजय बोला, 'उसे आखिर क्या कहना है? जो भी कहना है, वह यहां आकर क्यों नहीं कह सकती? मैं उसके पास चलकर क्यों जाऊं?'

दुर्लभ ई. साहित्य कार्नर

विनोद बोला, 'हुजूर, मैंने उस लड़की से यह सब कहा था, किंतु उसका कहना था कि वह भी किसी साधारण कुल से संबंध नहीं रखती। भद्र परिवार की महिला है। यदि मालिक मुझे बे-घरबार करना ही चाहते हैं, तो ठीक है, मैं सदा के लिए गांव छोड़ दूंगी। मुझसे बार-बार यह अपमान नहीं सहा जाता है।'

विजय बोला, 'अनुराधा नाम है न उस लड़की का? नाम तो बढ़िया है। नाम के अनुरूप ही उसका व्यवहार भी उत्तम है, तभी तो उसने कोई अकड़ नहीं दिखाई।'

'हां जी, उसमें अकड़ तो बिल्कुल भी नहीं है।'

अनुराधा के गांव का आदमी होने के कारण विनोद उसके कुल, परिवार और जीवन से भली प्रकार से परिचित है। प्रत्येक व्यक्ति के जीवन में ऐसा कुछ अवश्य होता है, जिसे सार्वजनिक करना उचित नहीं होता। हम अनुराधा के जीवन के प्रकाशन योग्य कुछ अंश यहां उद्धृत कर रहे हैं:

अनुराधा के पुरखे पांच-छह साल पहले तक गणेशपुर नामक इस गांव के जमींदार थे। अब यह गांव दूसरों के अधिकार में चला गया है। इस गांव की वार्षिक आय केवल दो हजार रुपये थी, जबकि अनुराधा के पिता अमर चटर्जी का वार्षिक खर्च बीस हजार रुपये प्रतिवर्ष था। परिणाम स्पष्ट था, पैतृक संपत्ति बिकती गई, रहने का मकान तक बिक गया। डर कहें अथवा लिहाज कहें, महाजन ने उनसे महान खाली नहीं कराया।

चटर्जी जहां एक ओर विलासी थे, वहां दूसरी ओर वह नियम-पालन, कर्मकांड और जप-तप में भी अनुपम आदर्श थे। दूर-दूर तक के लोग उन्हें श्रद्धा और सम्मान की दृष्टि से देखते थे। इसीलिए भीतर से खोखले हो जाने पर भी चटर्जी महाशय ऊपर से शान-शौकत बनाए रखने में सफल रहे। इस प्रकार उन्होंने आयु तो काट दी, किंतु अपनी अगली पीढ़ी के लिए कांटे बो गए। इतने दिनों से ऊंची नाक किए रहने वाले परिवार को दर-दर की ठोकरें खाने के लिए विवश होना पड़ा।

चटर्जी की मृत्यु के बाद उनके सुपुत्र को एक टूटा-फूटा मकान मिला, उस पर भी महाजन ने डिग्री ले रखी थी। इसके अतिरिक्त जो

दूसरी अचल संपत्ति मिली, वह ऋण के बदले गिरवी पड़ी हुई थी। थोड़े-बहुत पालतू पशु-गाय, बकरी, कुत्ते, बिल्ली आदि मिले और दाद में खुजली के रूप में अपने पिता की दूसरी पत्नी से उत्पन्न कुंआरी अनुराधा का भार वहन करने को मिला।

अनुराधा के लिए जुटा वर ऐसा व्यक्ति था, जिसकी पत्नी पांच-छह लड़के और पोते-धेवते छोड़कर स्वर्ग सिधार चुकी थी। यह आदमी अनुराधा से विवाह के लिए राजी है।

भाई की चिंता को देखकर अनुराधा बोली, 'भैया, भाग्य के लिखे को बदलने का सामर्थ्य जब किसी में नहीं है, तो फिर चिंता किसलिए? आदमी मालदार है, मेरा पालन-पोषण तो ठीक से कर सकेगा। मेरे लिए कहीं से कोई राजकुमार तो घोड़े पर सवार होकर आएगा नहीं।'

गगन बोला, 'तुम यह क्यों भूलती हो कि इसी त्रिलोचन के बाबा ने सतीपुर के चक्रवर्तियों के यहां विवाह करके अपने कुल को कलंकित किया था। आज वह पैसे वाला हो गया तो क्या कुलीन बन जाएगा।'

अनुराधा बोली, 'भैया, कुलीनता के चक्कर में पड़कर अभाव का जीवन जीने से तो धनवान का वरण करना ही अच्छा है। खाने-पीने की चिंता तो नहीं रहेगी।'

गगन बोला, 'मैं तुम्हारे विचार से सहमत नहीं हो सकता। मैं तुम्हें कुएं में नहीं धकेल सकता।'

बहिन बोली, 'क्या बाबूजी जात-पात में विश्वास रखते थे? यदि वह जीवित होते तो क्या इस संबंध को स्वीकार कर लेते? फिर, तुम इतने परेशान क्यों हो?'

गगन अपने पिता के समान धर्म-कर्म में आस्था नहीं रखता। यहां तक कि मद्य, मांस, द्यूत और मैथुन आदि से भी उसे कोई परहेज नहीं। पत्नी की मृत्यु के बाद वह आज भी दूसरे गांव के नीच कुल की एक स्त्री से संबंध बनाए हुए है। यह तथ्य किसी से छिपा नहीं है।

गगन अनुराधा के संकेत को समझ गया और उत्तेजित होकर बोला, 'कट्टरता में मेरे विश्वास न करने का अर्थ यह तो नहीं है कि कन्या को कलंकित कुल में फेंककर अपनी चौदह पीढ़ियों को नरक में धकेलने का पाप मोल ले लूं। हम श्रीकृष्ण की संतान हैं, हमें इस प्रकार अपने

को गिराना शोभा नहीं देता। इसकी चर्चा मेरे सामने बिल्कुल न करना।' कहकर गगन चलता बना। फलतः अनुराधा के लिए त्रिलोचन गंगोपाध्याय का अध्याय बंद हो गया।

गगन ने कलकत्ता में लकड़ी के व्यापारी बने हरिहर घोषाल से कुलीन ब्राह्मण को उपकृत करने की प्रार्थना की। घोषाल की ननिहाल इसी गांव में होने के कारण वह चटर्जी परिवार की समृद्धि और प्रतिष्ठा से परिचित था। उसने कई बार इस परिवार के आतिथ्य का भी आनंद उठाया है। घोषाल इस समय तक काफी संपन्न हो गया था, अतः उसने चटर्जी का सारा ऋण चुकाकर इस गांव को खरीद लिया। गगन के रहने का मान भी ऋण मुक्त करा लिया गया। इसके दो-तीन कमरे कचहरी के लिए सुरक्षित करके, शेष भाग गगन को पहले की तरह रहने के लिए दे दिया गया। यह समझौता अथवा रियायत जबानी ही थी, इस संबंध में कोई लिखा-पढ़ी नहीं की गई थी।

जमींदारी का मालिक बदल गया, किंतु प्रजा ने नए मालिक को स्वीकार नहीं किया। गांव के छोटा और आय के अल्प होने के कारण बड़े स्तर पर किसी प्रकार की नई व्यवस्था संभव नहीं। इसका लाभ उठाकर गगन ने अपनी धूर्तता से ऐसी स्थिति उत्पन्न कर दी कि गणेशपुर गांव में जमींदार का कोई कर्मचारी टिक ही नहीं सका। फलतः घोषाल ने गगन को ही अपना कर्मचारी नियुक्त कर दिया, अर्थात् कल का जमींदार आज के जमींदार का गुमाश्ता बन गया।

दो साल ऐसी गड़बड़ी रही कि वसूली का एक भी पैसा खजाने में जमा नहीं हुआ। कुछ दिनों बाद गगन लापता हो गया, जमींदार के कर्मचारी की जांच के अनुसार गगन जमींदारी से वसूल की गई रकम का गबन करके भूमिगत हो गया है। थाने में रिपोर्ट तथा कचहरी में मुकदमे जैसी सभी संभव कार्रवाई की गई, किंतु न गगन का पता चला और न ही रुपया वसूल हो सका। अनुराधा और उसके साथ रहते दूर के संबंधी को पुलिस ने खूब डराया-धमकाया, किंतु परिणाम कुछ भी नहीं निकला। उन्हें कोई जानकारी नहीं थी, इसलिए वे कुछ नहीं बता सके। इस प्रकार गगन का कोई पता नहीं चल सका।

विलायत में शिक्षा-प्राप्ति के लिए गए विजय के बार-बार असफल

रहने पर हरिहर को लंबे समय तक काफी रुपया खर्च करना पड़ा है। इधर विजय असफल होकर देश लौटा है, किंतु फिर भी उसके दिमाग पर बहुत उच्च शिक्षित होने का भूत सवार है। वह सफल-असफल होने में न तो कोई अंतर करता है और न ही सफलता को कोई महत्व देता है। उसके विचार में रट्टा लगाकर कोई भी पास हो सकता है। यदि पुस्तकीय ज्ञान का ही महत्व होता तो उसे विलायत जाने की आवश्यकता ही क्या थी? अपने देश में शिक्षण-संस्थाओं की कौन-सी कमी है? घर लौटने पर विजय ने पिता को उनके लकड़ी के व्यापार के डूबने का कल्पित भय दिखाया और वह उसके उद्धार में जुट गया।

इस बीच उसने कर्मचारियों के साथ ऐसा व्यवहार किया कि वे उसके नाम से थर-थर कांपने लगे। जिस समय काम की अधिकता के कारण वह काफी परेशान था, उन्हीं दिनों गणेशपुर का मामला उसके सामने आया। उसकी पहली प्रतिक्रिया यह थी कि वह पिताजी के निर्णय के विरुद्ध नहीं जाएगा और साथ ही अपने कर्तव्य पालन तथा यथोचित कार्रवाई करने से भी नहीं चूकेगा। यह सब सोचकर ही वह स्वयं गणेशपुर चला आया है, किंतु इस छोटे-से गांव में अधिक दिन बिताना उसे असुविधाजनक लग रहा है। अत: वह यथाशीघ्र अपने काम को निपटाकर कलकता लौटने को उत्सुक है। जमींदारी को संभालने का सारा दायित्व अकेले विजय पर है। उसके भाई अटार्नी जनरल हैं। किंतु वह अत्यंत स्वार्थी हैं तथा अपने स्त्री-पुत्रों के हित चिंतन में ही व्यस्त रहते हैं। वह पारिवारिक संपत्ति के बंटवारे को छोड़कर और किसी बात में रुचि नहीं लेते।

उनकी पत्नी प्रभामयी ने कलकत्ता विश्वविद्यालय से स्नातक परीक्षा उत्तीर्ण की हुई है। वह सास-ससुर की सेवा-सुश्रूषा तो दूर रही, उनके जीवित होने-न-होने तक से वास्ता नहीं रखती। यहां तक कि उनके रहने के मकान के हिस्से में परिवार के अन्य सदस्यों का आना-जाना भी निषिद्ध है। उनके नौकर-चाकर भी अलग हैं।

बड़े बाबू के कठोर रुख के कारण उन लोगों ने मुसलमान खानसामा नहीं रखा, इसलिए प्रभा इतनी अधिक दुखी है कि दिन-रात यही मनाती रहती है कि कब बाबूजी की सांस बंद हो और कब इन्हें

मनमानी करने की छूट मिले। प्रभा अपने देवर विजय को सदैव तुच्छ दृष्टि से देखती रही है। हां, उसके विलायत से लौटने के कारण प्रभा के हृदय में थोड़ी उदारता आई है। अपनी बहिन अनीता के लिए वह विजय को उपयुक्त वर मान बैठी है। इसलिए प्रभा ने एक-दो बार उसे निमंत्रित करके अपने हाथ से परोसकर खिलाया-पिलाया भी है। अनीता बी.ए. पास कर चुकी है और एम.ए. में प्रवेश लेने जा रही है। प्रभा ने विजय और अनीता का एक-दूसरे से परिचय भी कराया है।

पत्नी की मृत्यु के बाद विजय विलायत चला गया था और उसने किस प्रकार रंगरलियां रचाईं, इस विषय की खोजबीन करने की कोई आवश्यकता नहीं। हां, देश लौटने पर वह स्त्री जाति के प्रति कुछ विमुख हो गया। यहां तक कि उसने मां द्वारा रखे पुनर्विवाह के प्रस्ताव को भी कड़ी तीव्रता से ठुकरा दिया। इसलिए आज तक वह विधुर जीवन जी रहा है और उसके पुनर्विवाह पर कभी किसी ने कोई विचार नहीं किया। विजय ने गणेशपुर में आकर किसी एक प्रजाजन के मकान के दो कमरों में कचहरी बना ली है और जमींदारी से संबंधित सभी उपलब्ध रिकॉर्ड गगन के घर से जबरदस्ती अपने अधिकार में कर लिया है। जब विजय गगन की बहिन अनुराधा और उसके बहनोई को घर से निकालने के संबंध में विनोद घोष के साथ विचार-विमर्श कर रहा है।

कलकत्ता से आते समय विजय अपने सात-आठ साल के बेटे को साथ लेता आया है। मां की आपत्ति—गांव में सांप-बिच्छू आदि की आशंका आदि के विरुद्ध उसका कहना था, 'मां, भगवान की कृपा से तुम्हारे पोते-पोतियों की संख्या अच्छी-खासी है, इस बालक को परिस्थितियों से जूझने में समर्थ बनने का अवसर लेने दो। बाधक बनकर इसे डरपोक और कायर मत बनाओ।'

सुनने में आता है कि विलायती साहब प्रायः इस प्रकार की ही बातें किया करते हैं, किंतु विजय के इस निर्णय का एक गुप्त रहस्य यह था कि उसकी अनुपस्थिति में यह मातृहीन बालक उपेक्षित जीवन जिया है। बालक की दादी के चारपाई पर पड़े रहने के कारण कोई दूसरा उसकी खोज-खबर रखता ही नहीं था। विलायत से लौटने पर विजय

को अपने पुत्र के दुख-कष्टों का पता चल गया, इसलिए उसने उसे अपने साथ रखना ही उचित समझा।

विजय के गणेशपुर को रवाना होते समय भाभी ने कृत्रिम सहानुभूति दिखाते हुए गंवई गांव में सावधानी से रहने का तथा यथाशीघ्र लौटने का अनुरोध किया।

विजय से यथाशीघ्र लौटने का आश्वासन पाकर प्रभा ने पूछा, 'लालाजी, सुना है कि वहां बाबूजी द्वारा खरीदा अपना एक मकान भी है?'

विजय बोला, 'भाभी, बाबूजी ने मकान खरीदा अवश्य था, किंतु अब वह दूसरों के अधिकार में होने के कारण अपना होने पर भी अपना नहीं है।'

'लालाजी, अब जब तुम स्वयं जा ही रहे हो, तो उसका कब्जा ले ही लोगे।'

'हां, आशा तो यही है।'

'सफलता मिलने पर सूचना अवश्य देना।'

'क्यों, ऐसी क्या आवश्यकता है?'

'अरे लालाजी, सुना है कि यह गांव यहां के समीप ही है। मैंने तो कभी आज तक कोई गांव देखा ही नहीं, सुविधा होने पर देखने आ जाएंगे। अनीता के कॉलेज बंद हैं, वह भी साथ आ सकेगी।'

भाभी के इस प्रस्ताव से पुलकित होकर विजय बोला, 'मकान का कब्जा हाथ में आते ही सूचना दूंगा। हां, तब मैं आपसे 'न' नहीं सुनना चाहूंगा, और साथ ही आपकी बहिन को भी आपके साथ आना होगा।'

विजय का स्त्रियों के प्रति अवज्ञा का भाव एक सामान्य प्रवृत्ति थी। अनीता युवती होने के साथ सुंदरी, गुणवती, कुलीन तथा सुशिक्षिता थी। बी.ए. ऑनर्स के बाद एम.ए. में प्रवेश लेने जा रही थी, अत: उसके प्रति उपेक्षा दिखाना विजय के लिए संभव नहीं था। गांव के शांत, सुरम्य और मादक वातावरण में उस रमणी के साथ विचरण की कल्पना विजय को पुलकित बनाए हुए थी।

❑❑

ठेठ विलायती वेशभूषा—कोट, पैंट व हैट पहने और जेब में पिस्तौल रखे, चुरुट सुलगाते-पीते और छड़ी घुमाते हुए विजय घर के

मुख्य द्वार पर आ पहुंचा। उसके साथ थे—दो मिर्जापुरी लठैत, कुछ प्रजाजन, विनोद घोष और बेटा कुमार।

मकान का कब्जा लेने में दंगा-फसाद होने की संभावना को देखते हुए भी विजय अपने बेटे को इसलिए अपने साथ लाया है, ताकि वह किसी संघर्ष को प्रत्यक्ष रूप से देख सके और आवश्यकता पड़ने पर साहस का परिचय दे सके। विनोद निरंतर विजय को भरोसा दिलाता आ रहा था कि अकेली औरत अनुराधा संघर्ष का मार्ग कदापि नहीं अपनाएगी। यदि कहीं वह ऐसी मूर्खता करती है, तो उसे मुंह की खानी पड़ेगी। फिर भी रिवॉल्वर रख लेने में कोई हर्ज नहीं है।

विजय ने कहा, 'सुना है कि यह औरत अत्यंत धूर्त है, लोगों की भीड़ जुटाकर उत्पात मचा देती है। इसी ने गगन को उलटी पट्टी पढ़ाई है। इसका चरित्र भी कलंकित कहा जाता है।'

विनोद ने कहा, 'नहीं, ऐसा बिल्कुल नहीं है।'

'मैंने तो ऐसा ही सुना है।' कहते हुए सूने आंगन में खड़ा विजय इधर-उधर देखकर बोला, 'निस्संदेह, मकान बाबुओं के रहने योग्य ही है। सामने पूजा-घर है, जो अभी तक सुरक्षित तो है, किंतु काफी पुराना पड़ चुका है। एक ओर बैठने के कमरे और बैठक घर हैं। इनकी स्थिति भी जीर्ण-क्षीर्ण ही है। कबूतरों, चिड़ियों और चमगादड़ों ने इसे अपना पक्का ठिकाना बना रखा है।'

विजय के साथ आए दरबान ने ऊंची आवाज लगाई, 'घर में कोई है?'

दरबार की अशिष्ट चिल्लाहट को सुनकर सबने लज्जा से सिर झुका लिया। विनोद बोला, 'बाबूजी, मैं जाकर अनुराधा दीदी को आपके आने की सूचना देता हूं।'

विनोद के बात करने के ढंग से विजय को स्पष्ट आभास मिल गया कि आज भी इस परिवार के प्रति लोगों के मन में सम्मान तथा स्नेह का भाव है।

विनोद ने रसोई बनाने में लगी अनुराधा से कोमल स्वर में कहा, 'दीदी, छोटे बाबू बाहर खड़े हैं।'

इस संकट की पहले से ही आशा करती अनुराधा तत्काल उठ

खड़ी हुई और संतोष को आसन बिछाने तथा उनके आ रही होने की सूचना देने को कहा। इसके बाद वह विनोद से बोली, 'भैया, तुम जरा बाबू को संभालो, मैं यथाशीघ्र तैयार होकर आती हूं।'

विनोद ने अपनी सफाई में कहा, 'दीदी, गरीब प्रजाजन होने के कारण मैं मालिक के आदेश का पालन करने को विवश हूं, अन्यथा...'

विनोद की बात काटती हुई अनुराधा बोली, 'भैया, मैं यह सब भली प्रकार से जानती हूं।'

विनोद विजय के पास लौट आया। इधर संतोष ने दरी बिछा दी, किंतु उसका उपयोग नहीं हुआ। दोनों में से कोई नहीं बैठा, विजय टहलते हुए ही चुरुट के कश खींचने और धुआं छोड़ने लगा।

पांच मिनट बीतने से पहले ही संतोष ने घबराई आवाज में सूचना दी, 'मौसीजी आ गई हैं।'

विजय सावधान हो गया। वह निश्चय नहीं कर पा रहा था कि इस भद्र महिला को किस प्रकार संबोधित किया जाए और इसके साथ कैसा व्यवहार किया जाए? फिर भी अपनी दुर्बलता को प्रकट न करने की इच्छा से विजय ने दृढ़, रूखे और कठोर स्वर में भीतर खड़ी अनुराधा से कहा, 'तुम्हें यह बताने की तो कोई आवश्यकता नहीं कि यह मकान हमारी सम्पत्ति है?'

अनुराधा धीमी आवाज में बोली, 'मालूम है।'

'तो फिर तुम इसे खाली क्यों नहीं करती हो?'

ओट में खड़ी अनुराधा संतोष के माध्यम से अपना मंतव्य विजय तक पहुंचाना चाहती थी, किंतु एक तो लड़का भोला-भाला था, दूसरे वह नए जमींदार के व्यवहार से सहम गया था। इसलिए अनुराधा अपना अभीष्ट सिद्ध न कर सकी। थोड़ी देर चुप रहकर विजय ने प्रत्युत्तर की प्रतीक्षा की, फिर लड़के को डांट-धमकाकर विजय बोला, 'अपनी मौसी को कहो कि उसे जो कहना हो, वह सब सामने आकर कहे। मेरे पास गंवाने के लिए समय नहीं है। मैं कोई भालू-चीता नहीं, जो उसे खा जाऊंगा। मकान न छोड़ने का कारण तो उसे बताना ही होगा।'

अनुराधा बाहर नहीं आई, किंतु संतोष को माध्यम न बनाकर वह सीधे विजय की ओर उन्मुख होकर बोली, 'आपके पिता हरिहर बाबू ने

कभी हमें मकान छोड़ने को नहीं कहा था। उन्होंने हमें भीतरी भाग में सदा के लिए बने रहने का आश्वासन दिया था।'

विजय ने पूछा, 'क्या इस संबंध में कोई लिखा-पढ़ी है?'

'नहीं, कोई लिखा-पढ़ी नहीं है, किंतु वह जीवित हैं, उनसे इस तथ्य की पुष्टि की जा सकती है।'

'मुझे उनसे कुछ नहीं पूछना। यदि उन्होंने ऐसा कोई आश्वासन दिया है, तो वह तुम्हें उनसे लिखवा लेना चाहिए था?'

अनुराधा बोली, 'भैया ने कभी यह नहीं सोचा कि बाबूजी के वचन से लिखा-पढ़ी का महत्व अधिक और बढ़कर हो सकता है। इसीलिए ऐसी आवश्यकता नहीं समझी।'

विजय को इसका उत्तर नहीं सूझा, इसलिए वह चुप रह गया।

थोड़ी देर बाद अनुराधा ही बोली, 'किंतु अब भैया के आचरण के बाद किसी भी शर्त का कोई महत्व नहीं रहा। मुझे अब इस मकान में रहने का कोई अधिकार नहीं रहा, किंतु आप यह भी तो सोचिए कि मैं अकेली स्त्री हूं और मेरे साथ एक अनाथ बच्चा है। इस मातृ-पितृ विहीन बच्चे का पालन-पोषण मैंने ही किया है। यदि मेरी इस दीन-हीन स्थिति पर विचार करके आप मुझे कुछ दिन यहां रहने देंगे तो आपकी कृपा होगी, अन्यथा मैं सोच नहीं पा रही कि मैं अकेली कहां जाकर अपना सिर छिपाऊंगी?'

'क्या इसका उत्तरदायित्व मुझ पर है? तुम्हारे भाई कहां हैं?'

'मुझे भैया के बारे में कुछ भी मालूम नहीं। आपसे अब तक भेंट न कर पाने का कारण आपके रोष से मेरा भयभीत होना है।' इतना कहकर वह थोड़ी देर रुकी और फिर अपने को संभालकर बोली, 'आप मालिक हैं, मैं आपसे अपनी दीन-हीन स्थिति को छिपाना नहीं चाहती थी, इसलिए आपको सबकुछ बतला दिया है। यदि मेरे पास कोई दूसरा ठिकाना होता, तो मैं एक दिन के लिए भी यहां न रुकती और आपको कुछ भी कहने का मौका न देती। मेरा इस मकान पर कब्जा करने का कोई इरादा नहीं, फिर भी कुछ व्यवस्था होते ही मैं यथाशीघ्र यहां से चली जाऊंगी।'

अनुराधा के रुंधे कंठ से उसकी आंखों के सजल होने का सपष्ट

संकेत मिल रहा था। इस लड़की की दुर्दशा देख जहां विजय दुखी हुआ, वहीं इस बात से संतुष्ट भी हुआ कि मकान खाली कराने में उसे किसी झंझट-झमेले का सामना नहीं करना पड़ेगा। यहां तो जोर-जबरदस्ती की कोई बात ही नहीं थी, दया की भीख मांगी जा रही थी। पिस्तौल और लाठियों के प्रयोग की सोचने वाला विजय अपने को लज्जित अनुभव करने लगा, किंतु अपने पक्ष को सशक्त रूप में प्रस्तुत करने की इच्छा से वह बोला, 'आपके यहां कुछ दिन और बने रहने में कोई आपत्ति नहीं, किंतु मकान मुझे अपने लिए चाहिए था। जहां मैं रहता हूं, वह स्थान सुविधाजनक नहीं है। इसके अतिरिक्त हमारे परिवार की स्त्रियां यहां गांव में आने को उत्सुक हैं।'

अनुराधा बोली, 'यह तो अच्छी बात है। मुझे उन भद्र महिलाओं का स्वागत करने में प्रसन्नता होगी। वे बाहर के कमरों में आराम से रह सकती हैं। भीतर दूसरे तल्ले पर भी कमरे हैं, उन्हें किसी प्रकार का कष्ट होने का तो प्रश्न ही नहीं उठता। वे सब यहां सुविधापूर्वक रह सकती हैं, फिर परदेश में उन्हें किसी जानकार की भी आवश्यकता पड़ सकती है, जिसकी पूर्ति मुझसे हो जाएगी, मैं उनके लिए काफी उपयोगी सिद्ध होऊंगी।'

अनुराधा के इस सहयोगी व्यवहार से विजय अपने को लज्जित अनुभव करने लगा और बोला, 'नहीं, हमारे परिवार की स्त्रियों के लिए तुम्हें कुछ भी नहीं करना पड़ेगा। उनके साथ आने वाले पुरुष सब कर लेंगे। अच्छा, क्या मैं एक बार उस तल्ले के कमरों को देख सकता हूं?'

'आपका अपना मकान है, इसे देखने के लिए आपको किसी से अनुमति लेने की क्या आवश्यकता है?'

घर के भीतर प्रवेश करते समय विजय ने अनुराधा के चेहरे को ठीक से देख लिया। वस्तुत: इस महिला ने मस्तक पर पल्लू तो डाल रखा था, किंतु मुंह को ढक नहीं रखा था। इसने साधारण-सी अधमैली धोती पहन रखी थी, कलाइयों में सोने की दो चूड़ियों को छोड़कर किसी अन्य आभूषण का कोई चिह्न तक नहीं था। ओट में खड़ी और आंसू बहाती इस असहाय महिला का स्वर अत्यंत मधुर और कोमल था।

वह विजय की सोच से उलट निकली, गरीब होने पर भी भद्र

परिवार की इस महिला में, जो पाने की विजय ने कल्पना की थी, वह सब उसे नहीं मिला। लड़की का रंग गोरा न होकर गहरा सांवला है, गांव की साधारण लड़कियों से भिन्न जैसा इसमें कुछ भी नहीं है। इसका शरीर दुबला-पतला, किंतु खूब गठा हुआ है। लगता है कि इसने खाली बैठकर अथवा सोकर, अर्थात् सुख-सुविधा से अपने दिन नहीं बिताए। इसके अतिरिक्त इसके चेहरे की दीप्ति भी देखने वाले को मंत्र-मुग्ध करने वाली है।

अनुराधा ने विनोद की ओर उन्मुख होकर कहा, 'भैया, मैं रसोईघर में हूं, आप इन्हें पूरा मकान दिखा दें।'

'क्यों बहिन, तुम साथ नहीं रहना चाहतीं?'

'नहीं।'

विजय को लेकर विनोद भीतर से ऊपर चल दिए। विजय ने देखा कि पुराने ढंग से बने कमरों में अब भी थोड़ा बहुत पुराना सामान सभी कमरों में बिखरा पड़ा है, कुछ टूट चुका है, तो कुछ टूटने के कगार पर है। एक समय बहुमूल्य रहा यह सामान अब तो कौड़ियों का भी नहीं रहा। बाहर के कमरों की तरह भीतर के कमरे भी जीर्ण-क्षीर्ण स्थिति में हैं। चिढ़ाती हुई ईंटें ऐसी लगती हैं, मानो कई दिनों के भूखे किसी गरीब के शरीर की हड्डियां बाहर दिखने लगी हों। मकान के दरवाजे और खिड़कियों पर भी पुरानेपन और गरीबी की छाप स्पष्ट झलकती थी।

विजय के नीचे उतर आने पर अनुराधा रसोईघर के दरवाजे के बाहर आ खड़ी हुई। अब तक अनुराधा को 'तुम' शब्द से संबोधन करते रहे विजय को उस भद्र महिला के लिए अब 'आप' शब्द का प्रयोग करना ही उपयुक्त लगा। वह बोला, 'अब आप इस मकान में और कितने दिनों तक रहना चाहती हैं?'

'मैं ठीक से समय-सीमा निश्चित करने की स्थिति में नहीं हूं। आप जितनी अवधि के लिए कृपा करेंगे, मैं उतने दिन ही रह लूंगी।'

'मैं कुछ दिन आपको रहने दे सकता हूं, किंतु इसके बाद आप कहां जाएंगी?'

'यही चिंता मुझे रात-दिन खाए जा रही है।'

विजय बोला, 'कुछ लोग कहते हैं कि आपको गगन के बारे में पूरी और सही जानकारी है ?'

'कुछ लोग और भी बहुत कुछ कहते होंगे।'

विजय इस प्रश्न का कोई उत्तर नहीं दे सका। अनुराधा बोली, 'आपको विश्वास आए अथवा न आए, मैं आपको बता चुकी हूं कि मुझे भैया की कोई जानकारी नहीं है। यदि हो भी, तो क्या आप समझते हैं कि कोई बहिन अपने भाई को पकड़वा सकती है ?'

महिला के कथन में तिरस्कार की झलक थी। यह सुनकर विजय जहां लज्जित हुआ, वहां यह भी समझ गया कि यह लड़की कुलीनता के संस्कारों को संभाले हुए है। वह बोला, 'मैं आप पर गगन का पता बताने के लिए जोर नहीं डालूंगा। मैं स्वयं ही प्रयास करूंगा कि वह मेरे शिकंजे से निकल न पाए। अच्छा, यह बताइए कि गगन इतने दिनों से हमारी जड़ खोदने में लगा था, क्या इस तथ्य की आपको कोई जानकारी बिल्कुल नहीं थी ?'

अनुराधा से उत्तर न पाकर विजय बोला, 'यह तो आप भी मानती होंगी कि संसार में कृतज्ञता का कोई भी महत्व नहीं है। क्या आपको अपने भाई का सही मार्गदर्शन करने की कभी कोई आवश्यकता महसूस नहीं हुई। मेरे पिताजी एक तो भोले-भाले आदमी हैं, दूसरे उन्हें आपके परिवार से एक प्रकार का विशेष लगाव तथा गहरा विश्वास है। इसीलिए उन्होंने सब कुछ गगन को सौंप दिया और कभी उसके काम को जांचने की आवश्यकता नहीं समझी। उनकी इस भलमनसाहत का आप लोगों ने क्या यही बदला चुकाया ? वस्तुत: उन दिनों मैं देश में नहीं था, अन्यथा गगन को ऐसी धूर्तता कदापि न करने देता।'

अनुराधा ने सब सुना, किंतु वह एकदम चुप रही। अपने किसी भी आरोप का स्पष्टीकरण न मिलने पर विजय उत्तेजित हो उठा और वह क्रुद्ध स्वर में बोला, 'सब लोग मेरे चरित्र से परिचित हैं कि मैं दुष्ट व्यक्तियों के प्रति किसी प्रकार की करुणा अथवा दया-ममता कभी नहीं बरतता। मैं तो ईंट का जवाब पत्थर से देने में विश्वास रखता हूं। यदि आपकी कभी अपने भाई से भेंट हो, तो उन्हें इस तथ्य की जानकारी देना न भूलिएगा।'

इतने पर भी अनुराधा चुप्पी साधे रही। विजय बोला, 'आज से यह मकान मेरे अधिकार में आ गया समझिए। दो-तीन दिनों में बाहर के कमरों की सफाई हो जाने पर मैं यहां रहने लगूंगा। इसके बाद अपने परिवार की स्त्रियों को बुला भेजूंगा। जब तक आपकी कोई वैकल्पिक व्यवस्था नहीं हो जाती, तब तक आप नीचे के मकान में रह सकती हैं, किंतु हां, कमरों का कुछ भी सामान इधर-से-उधर नहीं होना चाहिए।'

इस बीच विजय के बेटे कुमार ने प्यास लगने की कहकर पानी पीने की इच्छा प्रकट की, तो विजय ने यहां पानी न होने की कही, किंतु अनुराधा ने मंद मुस्कान के साथ संकेत करते हुए बालक को अपने पास बुला लिया और रसोई के भीतर ले जाकर बोली, 'क्यों बेटे, डाभ (हरे नारियल का पानी) पिओगे?'

कुमार के 'हां' कहने पर संतोष ने नारियल छीलकर उसके आगे कर दिया और फिर कुमार ने जी-भरकर उसके मधुर शीतल जल का आनंद लिया। बाहर आकर लड़का अपने पिता से बोला, 'पिताजी, क्या आप भी डाभ पिएंगे, बड़ा ही मधुर और स्वादिष्ट जल है।'

विजय के 'न' कहने पर अनुरोध करता हुआ कुमार बोला, 'पी लो न पिताजी, सब अपने ही तो हैं।'

बच्चे के मुंह से निकली इस सामान्य बात से विजय अपने को दूसरों की दृष्टि में अपमानित-सा अनुभव करने लगा और दृढ़ स्वर में बोला, 'मुझे पानी-वानी कुछ नहीं पीना है।'

◻◻

बाबुओं के मकान को अपने अधिकार में करने के बाद विजय ने दो कमरे अपने निवास के लिए सुरक्षित कर लिए और शेष कमरों में कचहरी लगाने लगा। किसी समय किसी एक जमींदार के यहां गुमाश्ते का काम कर चुका विनोद घोषाल अपने इसी अनुभव के बल पर विजय के यहां गुमाश्ता नियुक्त कर लिया गया, किंतु समस्या का समाधान नहीं हुआ। वस्तुतः गगन चटर्जी वसूल की गई रकम की तत्काल रसीद देने को लेने वाले और देने वाले के बीच में अविश्वास का कारण मानता था और इसे अपने कुल के लिए अपमानजनक समझता था।

दुर्लभ ई. साहित्य कार्नर

अत: उसके गायब होने जाने पर भुगतान कर चुकने वाले लोगों के सामने संकट की स्थिति उत्पन्न हो गई। वे लोग साक्षियों को लेकर अपना पक्ष प्रस्तुत कर रहे हैं। किसने कितना दिया, कितना शेष देय है, दिया भी है अथवा नहीं। इन बातों का निर्णय करना टेढ़ी खीर बन गया है। विजय के लिए अपने मन में निर्धारित अवधि में कलकत्ता लौटना संभव न हो सका। आज नहीं कल, कल नहीं परसों करते-करते इस-बारह दिन बीत गए।

विजय के बेटे कुमार की अनुराधा के बेटे संतोष से मित्रता हो गई है। दोनों की आयु में दो-तीन वर्षों के अंतर के साथ दोनों की सामाजिक और आर्थिक स्थिति में भी भारी अंतर है, किंतु फिर भी किसी अन्य साथी के न होने से दोनों एक-दूसरे से हिल-मिल गए हैं। दोनों इकट्ठे बाग-बगीचों में और नदी किनारे घूमते-फिरते रहते हैं। दोनों एक साथ कच्चे आम खाते हैं और पक्षियों के घोंसलों को तोड़ते-फोड़ते रहते हैं। संतोष के साथ कुमार भी उसके घर में रहता है और उसकी मौसी के दिए को खा-पी लेता है और संतोष की तरह कुमार भी अनुराधा को मौसी कहकर पुकारता है।

विजय अपनी जमींदारी की व्यवस्था में व्यस्त रहने के कारण बालक का अपेक्षित ध्यान रख ही नहीं पाता। समय मिलने पर जब उसे बालक की याद आती है, तो वह उसकी पहुंच से बहुत दूर होता है। यदि किसी दिन संयोगवश विजय को उसका बेटा मिल जाता है तो वह उसे बुरी तरह डांटता-फटकारता है और बहुत देर तक अपने पास बिठाए रखता है, लेकिन अवसर पाते ही वह पिंजरे से छूटे पक्षी की तरह भागकर मौसी के पास चला जाता है। रसोईघर में संतोष के साथ दोपहर को दाल-भात खाता है तथा सायंकाल को रोटी और नारियल के लड्डू खाता है।

एक दिन सायंकाल लोगों के न आने पर अपने को अकेला पाकर चुरुट पीते विजय ने नदी किनारे घूमने-फिरने का विचार बनाया, तो अचानक लड़के की याद आ गई। सामने खड़े पुराने नौकर से उसने लड़के के बारे में पूछा, तो नौकर ने हाथ के इशारे से उसके भीतर होने का संकेत किया।

विजय ने पूछा, 'क्या कुमार ने आज खाना खाया था?'

नौकर के मुंह से 'नहीं' सुनकर विजय बोला, 'कुमार को पकड़कर उसे जबरदस्ती कुछ खिला-पिला क्यों नहीं देते हो?'

'मालिक, हम क्या करें, वह जब खाना नहीं चाहता और परोसी थाली को नष्ट-भ्रष्ट कर डाला होता है तो हम कुछ भी नहीं कर पाते।'

'अच्छा, कल से उसे मेरे साथ खाने के लिए बिठाना।' उसके बाद वह नदी किनारे न जाकर, न जाने क्या सोचकर चुपचाप भीतर चला गया। विस्तृत आंगन के दूसरी ओर उसे अपने बेटे की आवाज सुनाई दी। वह कह रहा था, 'मौसी जी, जल्दी से एक रोटी और दो लड्डू देना।'

आदेश पाने वाली अनुराधा बोली, 'बेटे, नीचे उतरकर ले जाओ, मेरे लिए तुम्हारी तरह पेड़ पर चढ़ना संभव नहीं है।'

लड़का बोला, 'मौसी, कुछ भी कठिन नहीं है। इस मोटी डाल पर पैर रख लो और फिर छोटी डाल को पकड़कर आसानी से ऊपर चढ़ जाओ।'

विजय ने आगे बढ़कर देखा कि रसोईघर के सामने खड़े आम के एक पेड़ की मोटी डाल पर संतोष और कुमार बैठे हैं। तने से पीठ टिकाए और पैर लटकाए दोनों मजे से खा रहे हैं। विजय की दृष्टि पड़ते ही दोनों बच्चों की सिट्टी-पिट्टी गुम हो गई।

इधर अनुराधा रसोईघर के किवाड़ के पीछे छिपकर खड़ी हो गई।

विजय ने पूछा, 'क्या ये दोनों प्रतिदिन यहीं बैठकर भोजन करते हैं?'

उत्तर में कोई कुछ नहीं बोला। भीतर छिपी अनुराधा को सुनाता हुआ विजय बोला, 'मुझे तो लगता है कि दोनों बालक आपको काफी परेशान करते रहते हैं।'

अनुराधा ने स्वीकृति में सिर हिलाया और बोली, 'बच्चे तो ऐसा करते ही हैं।'

विजय बोला, 'आपने भी तो इन्हें सिर पर चढ़ाने में कोई कसर नहीं छोड़ रखी है।'

दुर्लभ ई. साहित्य कार्नर

'इनके लाड़ न मानने का परिणाम प्रतिकूल ही होगा। वे और अधिक ऊधम मचाएंगे।'

विजय बोला, 'लेकिन घर पर तो कुमार कोई ऊधम नहीं मचाता।'

'क्या करे बेचारा ? जानता है, मां है नहीं, बीमार दादी चारपाई पर पड़ी रहती है, आप कामकाज में व्यस्त रहते हैं, फिर वह किसके बलबूते पर मनमानी करे ?'

विजय इस तथ्य से भली प्रकार परिचित था, किंतु फिर भी दूसरे के मुंह से बच्चे की मां का न होना उसे प्रिय नहीं लगा। वह बोला, 'क्या आपकी इस जानकारी का आधार कुमार है ? उसने आपको अपने घर में बारे में बहुत कुछ बता दिया लगता है ?'

धीमे स्वर में अनुराधा बोली, 'अभी उसकी आयु बहुत कुछ बताने योग्य नहीं हुई। फिर भी जो कुछ मैं जान सकती हूं, वह सब कुमार से ही सुना हुआ है। मैं पूरा प्रयास करती हूं कि दोपहर को बच्चे धूप में न निकल सकें, फिर भी मुझे चकमा देने में सफल हो जाते हैं। हां, जिस दिन इनका बस नहीं चलता, उस दिन लेटे-लेटे इधर-उधर घर-परिवार की कुछ बातें बताते रहते हैं।'

विजय आज भी अनुराधा के चेहरे को नहीं देख सका, किंतु उसे लड़की का कंठ-स्वर आज भी शिष्ट और मधुर लगा। विजय ने केवल सुनाने की इच्छा से कहा, 'आपके लाड़-प्यार का परिणाम कुमार के लिए घर जाने पर तो सुखद नहीं होगा।'

अनुराधा बोली, 'ऐसा आप कैसे कह सकते हैं ?'

विजय ने उत्तर दिया, 'ऊधम मचाने में एक प्रकार का नशा है, अजीब-सा नशा है, जिसकी पूर्ति न होने पर दुख-कष्ट का होना स्वाभाविक ही है। वहां कौन उसे यह मजे लेने देगा ? इसका परिणाम यह होगा कि दो ही दिनों में ऊब जाएगा और घर से भाग खड़ा होगा।'

'नहीं, नहीं, दो-एक दिनों में नए माहौल का अभ्यस्त हो जाएगा।' फिर वह कुमार की ओर उन्मुख होकर बोली, 'बेटा, नीचे उतर आओ और ले जाओ।'

कुमार ने आज्ञा का पालन किया। मौसी से अपनी तश्तरी की रोटियां, लड्डू आदि लेकर वह पुन: वृक्ष की शाखा पर जा बैठा और

दुर्लभ ई. साहित्य कार्नर

चुपचाप आनंद से खाने लगा। विजय ने देखा कि खाने-पीने का सामान उत्कृष्ट कोटि का न होने पर भी तुच्छ एवं अस्वास्थ्यकर कदापि नहीं था। विजय को लड़के के मौसी की रसोई के प्रति आकर्षण का कारण समझने में देर नहीं लगी।

वस्तुत: वह लड़के को इस प्रकार खिलाने-पिलाने के रूप में स्नेह और आत्मीयता दिखाने के लिए अनुराधा के प्रति कृतज्ञतासूचक शब्द करने आया था और कहने जा ही रहा था कि लड़के की मांग को सुनकर वह रुक गया। लड़का शिकायत करने के साथ उलाहना देते हुआ आ रहा था, 'मौसी, मैंने आपसे कल जैसी चंद्रपूली बनाने को कहा था, वह आपने क्यों नहीं बनाई?'

'बेटा, गलती हो गई, बिल्ली मेरी आंख बचाकर दूध पी गई, कल जरूर बना दूंगी।'

कुमार बोला, 'कौन-सी बिल्ली दूध पी गई है? क्या सफेद वाली थी?'

'हां, वही हो सकती है।' कहकर अनुराधा अपने माथे पर बिखरी लटों को सहलाने-संवारने लगी।

विजय बोला, 'मुझे तो बच्चों का ऊधम अत्याचार की सीमा को भी लांघता प्रतीत होता है।'

कुमार ने कहा, 'मौसी पीने का पानी तो तुमने अभी तक नहीं दिया।'

'अरे बेटा, भूल गई थी, अभी लाए देती हूं।'

'मौसी, क्या तुम्हें भूलने का कोई रोग तो नहीं लग गया, जो सब कुछ भूल जाती हो?'

विजय ने कहा, 'आपने अपने आपको इतना अधिक गिरा रखा है कि आपको कदम-कदम पर बच्चों से खेद प्रकट करना और क्षमा-प्रार्थना करनी पड़ती है?'

'बच्चों से यह सब करने में मुझे कुछ भी बुरा नहीं लगता।' कहती हुई अनुराधा हंस दी, जिसे विजय ने देख लिया। वह अपने पुत्र की अशिष्टता के लिए क्षमा-सूचक कुछ कहने जा ही रहा था, लेकिन यह

सोचकर रुक गया कि कहीं यह भद्र महिला इसे अपनी निर्धनता और अभावग्रस्तता का कटाक्ष न समझ बैठे।

दूसरे दिन, अनुराधा दोनों लड़कों को भात परोसने के बाद साग और तरकारी परोस रही थी। उस समय उसके सिर पर पल्लू कहीं इधर-उधर पड़ा होने से मुंह पूरी तरह उघड़ा हुआ था कि आंगन से कमरे में बढ़ती आ रही किसी व्यक्ति की परछाई को देखा, तो अभी वह सावधान नहीं हो सकी थी कि विजय सामने आ खड़ा हुआ। अनुराधा ने तत्काल आंचल से अपने सिर और मुंह को ढक लिया और उठकर खड़ी हो गई।

विजय ने कहा, 'मैं इस समय एक आवश्यक परामर्श के लिए आपके पास आया हूं। विनोद घोषाल इसी गांव का निवासी है, इसलिए तुम उसे भली प्रकार से जानती होगी। मैंने उसे गणेशपुर का नया गुमाश्ता नियुक्त किया है, क्या वह पूर्ण रूप से विश्वसनीय है? क्या वह सचमुच गुमाश्ता नियुक्त किए जाने योग्य है या नहीं? आपकी राय जानना चाहता हूं।'

एक सप्ताह से अधिक समय पूर्व विनोद गुमाश्ता नियुक्त किया गया है और वह काम भी ठीक ढंग से कर रहा है? उसके चरित्र की जांच-परख की आवश्यकता कहां से क्यों आ पड़ी? यह सोचकर अनुराधा विचलित हो उठी। अत: अपने कोमल-मधुर स्वर में पूछा, 'क्या विनोद भैया से कोई भूल-चूक हो गई है?'

'अभी तक तो कुछ पकड़ में नहीं आया, किंतु क्या सावधान रहने की भी आवश्यकता नहीं है?'

'मैं तो उसे भला आदमी समझती हूं।'

'सचमुच वह भला आदमी है या फिर किसी के विरुद्ध कुछ न कहने की अपनी प्रकृति के अनुसार आप सामान्य रूप से ऐसा कह रही हैं?'

'किसी को मेरे द्वारा अच्छा-बुरा कहने का महत्व ही क्या है?'

'महत्व है, तभी तो पूछ रहा हूं। विनोद घोषाल तो आपको ही प्रमाण रूप में उद्धृत कर रहा है।'

थोड़ा सोचती हुई अनुराधा बोली, 'उनके भला आदमी होने में तो कोई

दुर्लभ ई. साहित्य कानर

संदेह नहीं, फिर भी उन पर दृष्टि बनाए रखना अनुचित नहीं होगा। वस्तुत: मालिक के बेपरवाह होते ही कर्मचारी लापरवाही करने लगते हैं।'

'आप बिल्कुल ठीक कह रही हैं। जब कभी किसी के पकड़े जाने पर मामले की तह पर पहुंचा जाता है, तो आश्चर्यचकित रह जाना पड़ता है।' फिर वह कुमार की ओर उन्मुख होकर बोला, 'बेटे, तेरा भाग्य अच्छा है, जो तुझे ऐसी ममतामयी मौसी मिल गई है, अन्यथा इस गंवई गांव में आधे दिन तुम्हें फाकामस्ती में ही बिताने पड़ते।'

अनुराधा ने सकुचाते हुए पूछा, 'क्या आपको खाना-पीना जुटाने में असुविधा का सामना करना पड़ रहा है?'

हंसकर विजय ने कहा, 'नहीं, ऐसी कोई बात नहीं। मेरा अधिक समय परदेस में ही बीता है और मैंने खाने-पीने के बारे में कभी सोच-विचार ही नहीं किया।'

यह कहकर विजय चलता बना। खिड़की के छिद्रों से अनुराधा ने देखा तो लगा कि विजय अभी तक नहाया-धोया नहीं था।

❑❑

इस मकान में आने पर मिली आरामकुर्सी पर दोनों हथेलियां टिकाकर विजय चुरुट पी रहा था कि उसके कान में अपने को पुकारे जाने की आवाज पड़ी। विजय ने सिर ऊपर किया, तो एक वृद्ध सज्जन को अपने प्रति सम्मान प्रकट करते हुए देखा। साठ की आयु के सज्जन गठे शरीर और गोल-मटोल चेहरे के स्वामी थे। उनका कद छोटा था, मूंछों के बाल सफेद थे, किंतु टोपी से बाहर निकले सिर के बाल काले थे। मुंह के दो-चार दांतों को छोड़कर शेष ठीक-ठाक था। उन्होंने टसर का कोट पहन रखा था और कंधे पर चादर डाल रखी थी तथा अपने पैरों में शानदार चीनी जूते पहन रखे थे। जेब में सोने की चेन वाली घड़ी थी और गले में सिंह-नख जड़ा लॉकेट लटक रहा था। इस गंवई गांव में यह सज्जन अत्यधिक संपन्न महाशय प्रतीत होते थे। पास में रखी कुर्सी पर पड़े सामान को हटाकर विजय ने उन महाशय से बैठने का अनुरोध किया।

वृद्ध सज्जन ने स्थान ग्रहण करके 'बाबू साहब नमस्कार' कहा, तो प्रत्युत्तर में विजय भी 'नमस्कार' बोला।

वृद्ध महाशय बोले, 'आप गांव के जमींदार हैं, आपके पिता समृद्ध एवं प्रतिष्ठित होने के साथ-साथ उदार समाजसेवी होने के कारण प्रातः स्मरणीय बन गए हैं। आप उन्हीं के सुपुत्र हैं। यदि आप उस बेचारी अबला के प्रति उदारता नहीं दिखाएंगे तो स्थिति अत्यंत विषम हो जाएगी।'

विजय ने पूछा, 'आप किस बेचारी की बात कर रहे हैं और उस पर हमारा कितना बकाया निकलता है?'

वृद्ध बोला, 'मैं रुपये-पैसे को छुड़ाने की बात नहीं कर रहा हूं। मैं स्वर्गीय अमर चटर्जी की बात कर रहा हूं। वह भी काफी प्रतिष्ठित एवं धर्मात्मा व्यक्ति थे। आप समझ गए होंगे कि मेरा संकेत गगन चटर्जी की सौतेली बहिन की ओर है। यह उनका पैतृक मकान है। उसका दूसरे स्थान पर रहने का प्रबंध हो गया है, अतः वह यहां से चली तो जाएगी, किंतु आप उसे निकालने के लिए जो जल्दी कर रहे हैं, वह उचित नहीं।'

विजय समझ गया कि अशिक्षित होने के कारण वृद्ध क्रोध का नहीं, अपितु दया का पात्र है, फिर भी उसे वृद्ध के बात करने का ढंग पसंद नहीं आया। वह बोला, 'उचित-अनुचित व्यवहार की बात तो बाद में होगी, पहले आप अपना परिचय तो दीजिए और यह बताइए कि आप किस नाते उस महिला की वकालत करने आए हैं?'

'मैं समीप के मसजिदपुर गांव का निवासी त्रिलोचन गंगोपाध्याय हूं। सब लोग मुझे भली प्रकार जानते हैं। भगवान की कृपा से आसपास के गांव का ऐसा कोई व्यक्ति नहीं, जिसे कभी-न-कभी मेरे आगे हाथ न पसारना पड़ा हो। मेरे विषय में आप विनोद घोषाल से सारी जानकारी ले सकते हैं।'

विजय बोला, 'यदि मुझे कभी हाथ पसारने की आवश्यकता प्रतीत हुई तो मैं किसी से आपका पता पूछ लूंगा। हां, आप जिसकी सिफारिश करने आए हैं, उससे आपका क्या संबंध है, इस पर थोड़ा प्रकाश डालिए।'

दुर्लभ ई. साहित्य कार्नर

थोड़ा मुस्कराते हुए वृद्ध बोले, 'वैशाख के बीतने पर उससे विवाह होना निश्चित हुआ है।'

विजय चौंक पड़ा, 'आपका विवाह, अनुराधा से?'

'जी हां, जेठ के बाद कोई शुभ मुहूर्त नहीं निकलता। इसलिए इसी महीने इस शुभ कार्य को संपन्न करने का निश्चय किया है, अन्यथा मैं आपसे उस महिला को कुछ दिन रहने का अनुनय-विनय न करता।'

कुछ देर तक चुप रहने के बाद विजय ने पूछा, 'क्या यह प्रस्ताव गगन चटर्जी का है?'

वृद्ध उत्तेजित हो उठा और क्रुद्ध स्वर में बोला, 'उस फरारी और प्रजा का पैसा लूटकर चंपत हो जाने वाले दुष्ट का तो नाम लेना भी पाप है। वास्तव में इतने दिनों से वही बाधा डाल रहा था, नहीं तो अगहन में ही विवाह हो गया होता। वह शैतान मुझसे बोला था कि हम कृष्ण के वंशज होने के कारण कुलीन हैं, छोटे कुल में अपनी बहिन का विवाह कभी नहीं करेंगे। अब तो उस धूर्त का अहंकार मिट्टी में मिल गया। उसे मेरे पास प्रार्थी बनकर आना पड़ा। आज के युग में कुलीनता की बात करने को कोरी बकवास समझना चाहिए। सबसे बड़ी चीज रुपया है। जिसके पास रुपया है, वही धर्मात्मा है, श्रेष्ठ और कुलीन है। क्यों, क्या मैं कुछ गलत कह रहा हूं।'

विजय बोला, 'यह तो ठीक है, किंतु क्या अनुराधा इस विवाह के लिए सहमत है?'

अहंकार का प्रदर्शन करने के रूप में अपनी जांघ पर थाप लगाता हुआ वृद्ध बोला, 'इनकार की हिम्मत ही कहां है? मेरी खुशामद की जा रही है। शहर से आकर आपने एक घुड़की क्या दी, मेरा काम आसान कर दिया। दिन में तारे दिखाई देने लगे और भगवान से रक्षा करने की रट लगाई जाने लगी। मैंने तो आशा ही छोड़ दी थी। वस्तुत: लड़के, लड़कियां और दामाद कोई भी इस लड़की से मेरे विवाह के पक्ष में नहीं था। मैंने भी सोचा कि दो बार घर बसा लिया, अब तीसरी बार क्या करना है? किंतु जब लड़की ने स्वयं संदेश भेजकर मुझे बुलवा भेजा और चरणों में स्थान देने के लिए मेरे सामने गिड़गिड़ाई और मेरे घर में

नौकरानी बनकर रहने की प्रार्थना करने लगी, तो मुझे उस पर दया करने को सहमत होना ही पड़ा।'

विजय तो हक्का-बक्का रह गया।

वृद्ध ने कहना जारी रखा, 'मैं चाहता हूं कि विवाह इसी मकान में हो तो अच्छा है। वैसे मेरा मकान काफी बड़ा है, स्थान की कोई कमी नहीं है, लेकिन गगन चटर्जी की बुआ इसी मकान में कन्यादान करने को इच्छुक हैं, अब केवल आपकी सहमति मिल जाए तो मैं दूसरे कामों को निबटाने में लगूं।'

सिर ऊंचा करके विजय ने पूछा, 'मेरे सहमत होने पर मुझे क्या करना होगा? यदि इसका अर्थ केवल यही है कि मकान खाली कराने में जल्दबाजी न करूं तो ठीक है, मैं सहमत हूं। अब आप जा सकते हैं, नमस्कार।'

वृद्ध ने भी नमस्कार कहा और फिर बोला, 'आपसे ऐसी ही आशा थी। आखिर आप स्मरणीय, धर्मात्मा पिता के सुयोग्य पुत्र हैं। आप किसी की सहायता से इनकार कैसे कर सकते हैं?'

'ठीक है, अब आप जाइए।'

'जाता हूं, अच्छा नमस्कार।' कहकर वृद्ध चल दिए।

वृद्ध के चले जाने पर कुछ देर के लिए अनुराधा के विचार में खोया विजय अपने को समझाने-बुझाने लगा। वह अपने आप से बोला, 'मुझे इस लड़की और इस बुड्ढे से क्या लेना-देना है? फिर यह कौन-सी नई अथवा अनहोनी बात है, वृद्ध-विवाह तो होते ही रहते हैं। इस बीच उसे विनोद घोषाल का यह कथन भी स्मरण हो आया कि अनुराधा सदैव अपने भाई से यही कहती रहती थी, 'भैया, कुलीनता से तो पेट नहीं भरता। जीवन की आवश्यकता रोटी और कपड़ा है, इसकी पूर्ति करने वाला ही कुलीन है।'

बहिन को डांट-डपटकर गगन कहा करता था, 'तो क्या तू अपने पिता-पितामह के कुल को कलंकित करने को तत्पर है?' अनुराधा का उत्तर था, 'तुम भी तो उन्हीं के वंशज हो, यदि तुम पर कुलीनता की रक्षा का भूत सवार है, तो यह काम तुम्हीं करना, मुझे इसके लिए विवश न करो तो अच्छा है।'

यद्यपि कुल, आचार और चरित्र आदि बातों को विजय विशेष महत्व नहीं देता, फिर भी उसे गगन चटर्जी का पक्ष अधिक उत्कृष्ट लगा। विजय जितना अधिक अनुराधा के दृष्टिकोण की समीक्षा करता, उतना ही वह इस लड़की को ओछी, सिद्धांतहीन, निर्लज्ज और अवसरवादिनी मानकर उससे घृणा करने लगता।

बाहर आंगन में लोगों का कोलाहल मचा हुआ था। उसने काम-धंधे के लिए श्रमिक बुला रखे थे, किंतु मन की विकलता और कुछ अच्छा न लगने के कारण उसने सभी शिल्पियों और श्रमिकों को विदा कर दिया। बैठक में कुछ देर अकेले बैठने से ऊबा विजय न जाने क्या सोचकर मकान के भीतर चला गया। उसने देखा कि बरामदे में चटाई बिछाकर लेटी पड़ी अनुराधा अपनी दोनों ओर बैठे दोनों लड़कों को महाभारत की कहानी सुना रही है। रसोई का काम जल्दी से निबटाकर वह बच्चों को अपने साथ सुलाकर उन्हें कहानियां सुनाया करती है। कुमार को खिलाने-पिलाने के बाद उसे उसके पिता के पास भेज दिया करती है। छिटकी चांदनी में किसी की छाया को देखकर अनुराधा ने ऊंची आवाज में पूछा, 'कौन है?'

'मैं हूं विजय।'

सुनते ही तीनों सावधान हो गए और उठ बैठे। विजय के पहले दिन के व्यवहार से संतोष अधिक डरता है, इसलिए मौका देखकर वह कमरे से बाहर निकल गया, कुमार भी उसके पीछे बाहर हो लिया।

अनुराधा की ओर उन्मुख होकर विजय बोला, 'आज त्रिलोचन गंगो जी मेरे पास आए थे। आप तो उन्हें जानती होंगी?'

आश्चर्य प्रकट करते हुए अनुराधा बोली, 'आपके पास वह किसलिए आए थे? आपने तो उनसे कोई ऋण नहीं ले रखा?'

'ऋण तो नहीं ले रखा। हां, यदि ले रखा होता तो उससे आपको लाभ ही होता। उस स्थिति में आप मेरे एक दिन के अत्याचार का बदला मुझसे ले सकती थीं।'

अनुराधा के चुप रहने पर विजय बोला, 'उन्होंने तुम्हारे अनुरोध पर तुम्हारे साथ अपने विवाह की बात कही है। क्या यह सत्य है?'

अनुराधा के 'हां' कहने पर विजय ने पूछा, 'यह प्रस्ताव स्वयं

दुर्लभ ई. साहित्य कार्नर

आपने ही किया था ? वह तो आप पर दया करके आपको उपकृत करने जा रहे हैं।'

'हां, यही वास्तविकता है।'

'यह तो परले दर्जे की शर्म की बात है। आपके साथ मैं भी अपने को अपमानित और लज्जित अनुभव कर रहा हूं।'

'क्यों, आप मेरे कारण अपने को प्रभावित क्यों मानते हैं ?'

'यही बतलाने के लिए तो यहां आया हूं। त्रिलोचन बता रहा था कि मेरे द्वारा इस घर से निकाले जाने की धमकी दिए जाने के कारण ही आपको उसके सामने गिड़गिड़ाना पड़ा है। वह कह रहा था कि आपके पास सिर छिपाने का वैकल्पिक ठिकाना नहीं होने के कारण आपने उसकी खुशामद की है और इस संबंध के लिए उसे राजी किया है, नहीं तो वह इस बुढ़ापे में इस प्रकार झंझट में पड़ने को कतई तैयार नहीं था। आपकी दीन-हीन दशा और आपके रोने-चिल्लाने पर द्रवित होकर ही उसने ऐसा मन बनाया है।'

'इसमें कुछ भी गलत नहीं, यही सत्य है।'

'यदि यह बात है तो मैं अपनी चेतावनी वापस लेता हूं और अपने व्यवहार के लिए खेद प्रकट करता हूं।'

अनुराधा को चुप देखकर विजय बोला, 'अब आप चाहें तो अपना प्रस्ताव वापस ले सकती हैं।'

अनुराधा दृढ़ स्वर में बोली, 'नहीं, यह नहीं हो सकता। एक तो मैं अपने दिए वचन को भंग करने में विश्वास नहीं रखती, दूसरे हमारे संबंध की बात सार्वजनिक हो चुकी है। मेरे इनकार करने पर लोग उनका मजाक उड़ाएंगे और उन्हें अपमानित करेंगे।'

'विवाह होने पर लोग उलटे और अधिक मजाक उड़ाएंगे। उनके काफी बड़ी आयु के लड़के, लड़कियां, बहुएं और दामाद हैं, वे सब इस प्रस्ताव का डटकर विरोध करेंगे। परिवार में उपद्रव मच जाएगा, घर की शांति भंग हो जाएगी। स्वयं आपके लिए भी यह संबंध कांटों की सेज जैसा कष्टप्रद सिद्ध होगा। आप एक बार शांत चित्त से सभी बातों पर सोच-विचार कर लेंगी तो आपको वास्तविकता समझ में आ जाएगी।'

अनुराधा कोमल स्वर में बोली, 'मैंने सभी पक्षों पर खूब सोच-

विचार किया है। मुझे विश्वास है कि आपके द्वारा प्रकट की गई आशंकाएं निर्मूल हैं। ऐसा कुछ भी नहीं होगा।'

सुनकर चकित हुआ विजय बोला, 'उसका बुढ़ापा, तो आपसे छिपा नहीं, कौन जाने कितने दिनों का मेहमान है?'

अनुराधा बोली, 'सभी स्त्रियां अपने पति की दीर्घायु की कामना करती हैं। कौन जाने कि उनसे पहले मैं ही परलोक सिधार जाऊं?'

विजय के लिए इस तथ्य को नकारना संभव न हुआ, अत: वह जड़ बना खड़ा रहा। दोनों ओर की चुप्पी को तोड़ते हुए अनुराधा कोकल कंठ से बोली, 'आपने मुझे एक बार घर छोड़ने का आदेश अवश्य दिया था, किंतु इसके बाद आपने कभी तकाजा नहीं किया। मैंने आपसे दया की भीख नहीं मांगी, किंतु फिर भी आपने मुझ पर दया की है। इसलिए लिए मैं आपके प्रति कितनी कृतज्ञ हूं, इसका वर्णन नहीं कर सकती।'

विजय द्वारा किसी प्रतिक्रिया के प्रकट न किए जाने पर अनुराधा अपनी बात जारी रखते हुए बोली, 'भगवान जानते हैं कि मैंने आपके विरुद्ध कभी किसी से कुछ नहीं कहा, क्योंकि यदि मैं ऐसा कुछ कहती तो वह आपके प्रति अन्याय होता तथा वह सब एकदम गलत होता। यदि गांगुली महाशय ने ऐसा कुछ आपसे कहा है तो उसे आप उनका वक्तव्य समझिए, न कि मेरा, फिर भी मैं इसके लिए आपसे क्षमा-याचना चाहती हूं।'

विजय बोला, 'आप लोगों का विवाह जेठ मास के कृष्ण-पक्ष की त्रयोदशी को होना है, इसका अर्थ है कि अभी एक महीने का समय है।'

अनुराधा की 'हां' सुनकर विजय बोला, 'क्या इसमें किसी परिवर्तन के लिए कोई अवकाश नहीं है?'

'गांगुली महाशय द्वारा दिए भरोसे को देखकर तो शायद 'नहीं' कहना ठीक होगा।'

काफी देर चुप रहने के बाद विजय बोला, 'इसके सिवा मैं और क्या कह सकता हूं कि आपने अपने भविष्य के संबंध में ठीक ढंग से सोचा-विचारा नहीं है, इसका मुझे बहुत दुख है।'

अनुराधा बोली, 'मैंने एक बार नहीं, सौ बार सोचा है। यह प्रश्न दिन-रात मेरी सोच का विषय रहा है। आप मेरे इतने बड़े हित चिंतक

हैं। आपके प्रति कृतज्ञता प्रकट करने के लिए मेरे पास शब्द नहीं हैं। मेरी आपसे प्रार्थना है कि आप स्वयं एक बार मेरी स्थिति पर विचार करेंगे, तो आपको मेरा निर्णय सही लगेगा। आप ही सोचिए कि ऐसी लड़की जिसके पास न निर्वाह के लिए रुपया-पैसा है, न घर-द्वार है, न रूप-सौंदर्य है और न ही कोई बंधु-बांधव अथवा अभिभावक है, गांव के अन्याय और अत्याचार से बचने का भी कोई साधन नहीं, फिर तेईस-चौबीस की आयु हो गई है। ऐसी लड़की से भला कौन कुलीन युवक विवाह करना चाहेगा? इन तथ्यों पर आप जरा विचार करें। इस स्थिति में क्या आप दाने-दाने के लिए मेरे किसी के आगे हाथ पसारने का समर्थन कर सकेंगे?'

अनुराधा की बातों में ठोस सचाई थी। इन बातों का खंडन नहीं किया जा सकता था। अतः विजय कुछ देर तक मौन साधे रहा, फिर बोला, 'यदि मैं आपकी किसी प्रकार की सहायता कर पाता, तो मुझे काफी प्रसन्नता होती।'

'आपने मेरा जिस प्रकार उपकार किया है, यह सब दूसरा कोई नहीं कर सकता। मैं आपके प्रति हृदय से आभारी हूं। आपके आश्रय में मुझे निश्चितता मिली है। सूर्य और चंद्र जैसे दोनों बच्चे मिले हैं। आपसे मेरी एक ही प्रार्थना है कि आप मेरे भैया द्वारा किए गए विश्वासघात में मुझे बराबर का भागीदार समझने की भूल कदापि न करें। मुझे भैया के किसी काम की वास्तव में कोई जानकारी नहीं है। आप मुझ पर विश्वास करेंगे तो मुझे बड़ी तसल्ली मिलेगी।'

'आपको कुछ कहने की आवश्यकता नहीं। मैं सभी तथ्यों को ठीक से जान चुका हूं।' यह कहकर विजय धीरे-से बाहर निकल गया।

❑❑

कलकत्ता से आए फल, सब्जी, मिठाई आदि की टोकरी को रसोईघर के बाहर उतारने का नौकर को आदेश देकर विजय ने कहा, 'वह शायद भीतर होंगी।'

भीतर से अनुराधा ने उत्तर दिया, 'हां, मैं भीतर हूं।'

विजय बोला, 'आपको किस तरह पुकारूं, यह भी एक समस्या है।

यदि कहीं आप हमारे समाज से संबंधित होतीं तो आपको 'मिस चटर्जी' अथवा 'मिस अनुराधा' कहकर पुकारना सही होता, किंतु आपके समाज में तो ऐसा प्रचलन ही नहीं है। आपके लड़कों में से किसी के यहां उपस्थित होने पर उसे अपनी मौसी को बुला दे कहकर काम चला लिया जाता। वे भी यहां इस समय आसपास नहीं दिखते। इस स्थिति में समझ नहीं आता कि आपको क्या कहकर पुकारूं?'

दरवाजे के पास आ खड़ी अनुराधा कोमल स्वर में बोली, 'मालिक, आप मुझे राधा कहकर पुकारेंगे, तो भी काम चल जाएगा।'

विजय बोला, 'इस नाम से पुकार सकता हूं, किंतु इस नाते कदापि नहीं कि मैं आपका मालिक हूं और आप मेरी आश्रिता हैं। मैं गगन चटर्जी पर मालिकाना हक जमा सकता था, किंतु वह तो नौ-दो ग्यारह हो गया। आपको क्या पड़ी है कि आप मुझे अपना मालिक समझें?'

'आप ऐसा क्यों कहते हैं? मालिक तो मालिक ही होता है।'

विजय ने कहा, 'यह नाता मुझे कतई स्वीकार नहीं। हां, आयु में मैं आपसे काफी बड़ा हूं। यदि इस नाते मैं आपको नाम से पुकारता हूं तो आपको बुरा नहीं लगना चाहिए।'

'नहीं, बुरा लगने का प्रश्न ही नहीं उठता।'

विजय को इस तथ्य का आभास मिल गया कि वह घनिष्ठता बढ़ाने का कितना ही प्रयास क्यों न करे, किंतु अनुराधा की ओर से अणुमात्र भी ऐसी कोई चेष्टा नहीं हो रही थी। वस्तुत: वह महिला किसी भी रूप में उघाड़ना नहीं चाहती थी, इसीलिए विजय के सभी प्रश्नों का 'हां, न, सही है,' जैसे संक्षिप्त वाक्यों से उत्तर दिए जा रही थी।

विजय बोला, 'घर से कुछ सब्जी, फल, मिठाई आदि आई हैं। इस टोकरी को भीतर रखवा लीजिए और फिर बच्चों को खिला दीजिएगा।'

'छोड़ जाइए, अपनी आवश्यकता का सामान रखकर शेष आपके पास भिजवा दूंगी।'

'नहीं, ऐसा अत्याचार भूलकर भी न कीजिएगा। वस्तुत: मेरा रसोइया ठीक से कुछ भी नहीं बना पाता। आज तो वह दोपहर से चादर तानकर पड़ा है। शायद मलेरिया का शिकार हो गया है। यदि कहीं सचमुच ऐसा हुआ तो काफी परेशानी झेलनी पड़ेगी।'

दुर्लभ ई. साहित्य कार्नर

'तो फिर आपकी रसोई का क्या होगा?'

'रात को खाने की कोई चिंता नहीं, विशेष भूख भी नहीं है। हां, कल सवेरे तक इसकी दशा न सुधरी तो विचार करना पड़ सकता है। मेरे पास कुकर है, उससे काम चला लिया जाएगा।'

'इससे आपको असुविधा तो अवश्य होगी?'

'नहीं, ऐसी कोई बात नहीं। मैं तो अभ्यस्त हो चुका हूं। हां, लड़के की बात होती तो अवश्य चिंता करता। उसका भार तो आपने संभाल ही रखा है। इस समय क्या बना रही हैं आप? टोकरी खोलकर देख लीजिए, शायद कोई चीज इस समय के काम की निकल आए?'

'काम की चीज मिल सकती है, परंतु मुझे तो इस समय रसोई बनानी ही नहीं है।'

'क्यों नहीं बनानी?'

'कुमार का शरीर थोड़ा गरम है, कुछ पकाया तो वह खाने को मचलेगा। संतोष का काम सुबह के बचे खाने से चल जाएगा।'

'कुमार को हलका ज्वर है? वह है कहां?'

'मेरे बिस्तर पर लेटा हुआ संतोष के साथ गप-शप कर रहा है। आज वह बाहर न जाने और मेरे साथ सोने की कह रहा था।'

'ठीक है, सोया रहने दो। हां, अधिक लाड़-प्यार मिलने पर वह मौसी को छोड़कर घर जाने को तैयार नहीं होगा, इसलिए उसे नई परेशानी का सामना करना पड़ सकता है।'

'ऐसा कुछ नहीं होगा, कुमार आज्ञाकारी बालक है।'

'वह आज्ञाकारी है अथवा उच्छृंखल लड़का है, इसकी सही जानकारी तो आपको होगी। मैंने सुना है कि वह आपको काफी परेशान करता है?'

कुछ देर की चुप्पी के बाद अनुराधा बोली, 'परेशान केवल मुझे करता है और किसी को कुछ नहीं कहता।'

'यह तो ठीक है, किंतु आप उसकी आदत बिगाड़ रही हैं। मौसी जो सह लेती है, वह चाची भी सह लेगी, यह निश्चित रूप से नहीं कहा जा सकता। फिर किसी दिन विमाता आ गई और उससे कुछ भी न सहा गया तो कुमार को ही दुखी होना पड़ेगा।'

'बालक को न सह सकने वाली स्त्री को आप उसकी विमाता बनाना ही क्यों चाहेंगे ?'

'लाने अथवा न लाने वाला मैं कौन हूं ? यह तो लड़के के अपने भाग्य पर निर्भर करता है कि उसे कैसी विमाता मिलती है। यदि उसे मन-माफिक मां नहीं मिलती, तो वह फिर से मौसी की शरण लेने को विवश हो सकता है। किंतु हां, इसके लिए पहले मौसी की स्वीकृति लेनी आवश्यक होगी।'

'मौसी मातृविहीन बच्चों को असहाय अवस्था में छोड़कर कभी नहीं जाती। इसके लिए उसे कैसी भी स्थिति का सामना क्यों न करना पड़े, ऐसे बच्चों को पालना मौसी अपना कर्तव्य समझती है।'

'आपके इस कथन को गांठ बांध रखूंगा।' कहकर जाते हुए विजय लौटकर बोला, 'यदि धृष्टता न समझी जाए, तो एक बात कहूं ?'

'कहिए।'

'कुमार का पिता जीवित है, अतः उसकी चिंता से पहले आपको किसी और का भी ध्यान रखना चाहिए। आपने मेरे संबंध में कुछ गलत धारणा बना रखी है। संतोष की न तो मां है और न पिता। यदि त्रिलोचन इस लड़के को रखने पर सहमत न हुए तो यह बेचारा कहां जाएगा ? इसके बारे में आपने कुछ सोचा होगा ?'

अनुराधा बोली, 'जब पत्नी बनाएंगे, तो क्या उसके नाती को नहीं रखेंगे ?'

'रखना तो चाहिए, किंतु त्रिलोचन के स्वभाव को देखते हुए मुझे संदेह होने लगा है।'

अनुराधा तत्काल उत्तर न दे सकी। कुछ सोचने के बाद वह बोली, 'तब तो हम दोनों सड़क के किनारे पेड़ के नीचे रह लेंगे।'

विजय बोला, 'आपने कह तो दिया, किंतु आप यह कर नहीं सकेंगी। हां, यदि ऐसी स्थिति आ जाए तो संतोष को मेरे पास भेज देना, वह कुमार का साथी है। दोनों का मन लगा रहेगा, कुमार के साथ मैं उसे भी आदमी बना दूंगा।'

अनुराधा के उत्तर की प्रतीक्षा में कुछ देर रुका विजय अंततः बाहर चल दिया।

दो-तीन घंटे बाद दरवाजे के बाहर खड़े होकर संतोष ने विजय से कहा, 'मौसीजी, आपको भोजन के लिए बुला रही हैं।'

आश्चर्य प्रकट करते हुए विजय ने पूछा, 'मुझे?'

'जी हां।' कहकर संतोष वापस हो लिया।

रसोईघर में बिछे आसन पर बैठने के बाद विजय बोला, 'रात वैसे ही कट जाती, आपको व्यर्थ में कष्ट करने की कोई आवश्यकता नहीं थी।'

पास खड़ी अनुराधा ने सुना, किंतु वह चुप्पी साधे रही।

परोसी गई खाद्य-सामग्री में कुछ भी विशिष्ट नहीं था, किंतु फिर भी परोसने में विशेष प्रयत्न और सतर्कता का आभास स्पष्ट रूप से मिल रहा था। सुंदर ढंग से सजाकर रखे पदार्थों को देखकर विजय की भूख भड़क उठी। खाते हुए उसने पूछा, 'क्या कुमार ने खा-पी लिया है?'

'सागू पीकर सो गया है।'

'क्या उसने आज विरोध प्रकट नहीं किया?'

हंसती हुई अनुराधा बोली, 'मेरे पास सोने की अपनी इच्छा की पूर्ति से कुमार आज पूर्णतः शांत है।'

'किंतु उसके कारण आपको होने वाले कष्ट और असुविधा का अनुमान नहीं होगा। हां, इसके लिए आप मुझे दोष नहीं दे सकेंगी। आपने स्वयं उसे अपनी गृहस्थी में शामिल कर अपने संकट बढ़ाए हैं।'

'हां, मैं आपको बिल्कुल दोष नहीं देती।'

'मुझे लगता है कि कुमार के चले जाने पर आपके लिए उसे भुलाना सरल नहीं होगा।'

कुछ देर तक चुप रहने के बाद अनुराधा विनम्र स्वर में बोली, 'कुमार को अपने घर ले जाने से पहले आपको मुझे एक वचन देना होगा कि घर पर आप इस बात का पूरा-पूरा ध्यान रखेंगे कि उसे किसी प्रकार का कोई कष्ट अथवा अभाव न देखना पड़े।'

'मुझे तो काम-काज के झंझटों के कारण बाहर ही रहना होगा। इस स्थिति में, मैं ऐसा कोई वचन कैसे दे सकता हूं?'

'तो फिर उसे ले जाने का हठ मत कीजिए। उसे यहीं, मेरे पास ही रहने दीजिए।'

'आप वास्तविकता से आंख मींचकर गलत प्रस्ताव रख रही हैं।'

कहकर विजय भोजन करने लगा। थोड़ी देर में वह बोला, 'भाभी आदि का इधर आने का मन था, किंतु अब ऐसा नहीं लगता।'

'कार्यक्रम बदलने का कारण?'

'जोश में आकर भाभी ने कह तो दिया था, किंतु अब शायद उनका जोश ठंडा पड़ गया है। सामान्यतः ये शहरी लोग ठेठ गांव की ओर पैर बढ़ाना पसंद नहीं करते। सोचता हूं कि यह एक प्रकार से अच्छा ही हुआ है, अन्यथा आपको मेरे साथ उनका भार भी उठाना पड़ता और इससे आपको काफी असुविधा होती।'

अनुराधा विरोध करती हुई बोली, 'आपकी इस सोच से मैं सहमत नहीं हूं। आपके घर में आपके अतिथियों के आने पर मुझे असुविधा होगी, ऐसा आपने सोच कैसे लिया? इसे तो मैं अपने प्रति अन्याय समझती हूं। क्या मैं आपकी उदारता का इस प्रकार दुरुपयोग कर सकती हूं?'

अनुराधा ने इससे पहले विजय से इतना अधिक वाद-विवाद कभी नहीं किया था। अब विजय को पता लगा कि गांव की यह लड़की इतनी अनाड़ी नहीं, जितना उसने सोचा था। काफी देर तक मन में सोचने-विचारने के बाद वह बोला, 'मैं अपनी गलती मानता हूं। वस्तुतः जिन सामान्य स्त्रियों के विषय में ऐसा सोचा जा सकता है, आप उनसे हटकर हैं, एकदम अलग हैं। दो-तीन दिन बाद मेरा घर लौटने का कार्यक्रम है। यहां आने पर मैंने प्रारंभ में जो कुछ अनुचित व्यवहार किया है, वह सब आपको न पहचानने के कारण हुआ है। अनजाने में प्रायः सब कहीं ऐसा ही होता है, किंतु फिर भी मैं अपने व्यवहार पर लज्जित हूं और आपसे क्षमा-प्रार्थना करता हूं।'

हंसती हुई अनुराधा बोली, 'आपको क्षमा नहीं मिल सकती।'

'ऐसा भला क्यों?'

'बात यह है कि अन्याय-अत्याचार की मात्रा इतनी अधिक है कि पूरी की पूरी क्षमा देना संभव ही नहीं।' कहकर वह मुस्करा दी। दीप के प्रकाश में अनुराधा के खिले चेहरे की चमक को देखकर विजय मुग्ध हो उठा। अपने को संभालकर वह बोला, 'अपराधी के रूप में आप मेरा स्मरण करेंगी, इसी को मैं अपना सौभाग्य समझूंगा।'

दोनों के चुप हो जाने पर कुछ देर के लिए कमरे में सन्नाटा छा गया। अंततः मौन भंग करते हुए अनुराधा ने पूछा, 'आपका इधर लौटना कब होगा?'

'बीच-बीच में आना-जाना तो चलता रहेगा, किंतु आपसे भेंट नहीं हो सकेगी।'

अनुराधा ने 'क्यों' जैसा प्रश्न नहीं किया, क्योंकि वह इस यथार्थ से परिचित हो चुकी थी।

खा-पीकर विदा होते समय अनुराधा बोली, 'टोकरी में बहुत-सी तरकारियां हैं। यदि आप कल यहां जीमने को सहमत हो जाएं तो बाहर कुछ भेजना नहीं पड़ेगा।'

'ठीक है, किंतु हां, मुझे कुछ अधिक भूख लगती है और दूसरों की अपेक्षा अधिक खाता हूं। इस तथ्य से तो आप परिचित हो ही गई होंगी। यदि ऐसा न होता, तो मैं यह कहता कि केवल कल दिन में ही क्यों, आगे क्यों नहीं, जितने दिन यहां रहूं, आपका प्रसाद क्यों न मिले?'

'इसे तो मैं अपना सौभाग्य समझूंगी।'

दूसरे दिन प्रातःकाल आए अनेक उत्तमोत्तम पदार्थों को अनुराधा ने बिना किसी ननुनच के सहेजकर रख लिया।

तीन दिन ही नहीं, पांच दिनों तक विजय अनुराधा के आतिथ्य का आनंद लेता रहा। इस बीच कुमार भी पूर्ण स्वस्थ हो गया। अनुराधा की सेवा में विजय को कहीं भी कोई त्रुटि दिखाई नहीं दी, किंतु फिर भी दोनों में दूरी बराबर पहले जैसी बनी हुई है, इसमें तिल भर भी अंतर नहीं आया। बरामदे में विजय के लिए आसन लगाया जाता है और अनुराधा कमरे के भीतर से करीने से थाली सजाकर उसके आगे प्रस्तुत करती है। थाली लाने का दायित्व संतोष निभाता है और मछली का झोल छोड़ देने का उलाहना देने का काम कुमार करता है। वह कहता है, 'मौसीजी आपके मछली छोड़ देने पर चिंतित हो उठती हैं, किंतु कटोरे में दूध छोड़ देने से तो उनकी व्यथा का अंत ही नहीं रहता।'

विजय बोला, 'तुम्हारी मौसी परोसते समय यह क्यों भूल जाती हैं कि मैं मनुष्य हूं, पशु नहीं हूं।'

◻◻

स्त्रियों के स्वभाव की कोमलता के संबंध में विजय की जानकारी पर्याप्त नहीं थी। उसकी मां बचपन से अस्वस्थ चली आने के कारण कभी किसी गृह-कार्य को निपुणता से नहीं निभा सकी थी और उसकी अपनी पत्नी भी केवल दो-ढाई वर्ष जीवित रही। उन दिनों वह स्वयं पढ़ाई कर रहा था। उसके जीवन का अधिक समय प्रवास में ही बीता है। हां, उन दिनों की कुछ कटु-मधुर स्मृतियां समय-समय पर उसके मस्तिष्क में कौंधने लगती हैं, परंतु वे सब उसे पुस्तकों में पढ़ी कल्पित कथाओं जैसी ही आधारहीन लगती हैं। उनका जीवन के यथार्थ से किसी प्रकार जुड़ा होना विश्वसनीय नहीं लगता।

विजय की भाभी जिस परिवार से आई है और जिस प्रकार का उसका दृष्टिकोण तथा व्यवहार है, उसे देखकर विजय को उससे आत्मीयता स्थापित करना संभव नहीं लगता। वह मां को सदैव इस बात के लिए रोते देखता है कि उसके पति घर के किसी काम में रुचि नहीं लेते हैं। इन सब बातों को देखने का वह इस प्रकार अभ्यस्त हो गया है कि इसके विरुद्ध किसी प्रकार की चर्चा उसे एकदम असंगत लगती है।

वह तो ताई द्वारा देवर की और बहू द्वारा सास-ससुर की खोज-खबर न लेने जैसे अपराध को कोई विशेष महत्व नहीं देता था, किंतु इन पांच दिनों में वह अपनी इस धारणा पर पुनर्विचार करने को विवश हुआ है। आज शाम की गाड़ी से उसने कलकत्ता जाने का कार्यक्रम बना रखा था। नौकरों ने सामान भली प्रकार बांध रखा था। कुछ ही घंटों के बाद घर से चल देना था। इस बीच संतोष ने आकर संदेश दिया, 'मौसीजी बुलाती हैं।'

विजय के 'इस समय?' के प्रश्न के उत्तर में 'हां' कहकर वह वहां से चला गया।

घर के भीतर पहुंचने पर विजय ने देखा कि आसन बिछा है और भोजन का सारा आयोजन ठीक ढंग से किया जा चुका है। अनुराधा कुमार को झूला झुला रही थी, विजय को देखते ही भोजन परोसने में जुट गई।

आसन पर बैठकर विजय बोला, 'इस समय यह कष्ट क्यों?'

अनुराधा बोली, 'खिचड़ी बनाई है, थोड़ी-सी खाते जाइए।'

दुर्लभ ई. साहित्य कार्नर

गला साफ करने के बाद विजय बोला, 'इतना अधिक कष्ट करने की क्या आवश्यकता थी ? इसकी अपेक्षा दो-चार पूड़ियां ही उतार दी होतीं, तो काम चल जाता।'

अनुराधा बोली, 'एक तो आप पूड़ी खाते नहीं, दूसरे आपको अपने घर पहुंचते-पहुंचते काफी रात बीत चुकी होगी। इस स्थिति में आपके भूखे चले जाने पर मेरे कष्ट की कोई सीमा न रहती। पूरा समय यही चिंता सताती रहती कि बेचारा लड़का भूखा-प्यासा गाड़ी में बैठा होगा।'

विजय चुपचाप भोजन करते समय बीच में बोल उठा, 'मैंने विनोद को कह दिया है कि आप जब तक इस मकान में हैं, आपको किसी प्रकार का कोई कष्ट-असुविधा नहीं होनी चाहिए।'

थोड़ी देर के बाद वह फिर बोला, 'देखो, यदि आपकी गगन से कभी भेंट हो जाए तो उसे कह देना कि मैंने उसे माफ कर दिया है, किंतु उसे गांव में भूलकर भी नहीं आना चाहिए, अन्यथा उसे दंड भुगतना पड़ेगा।'

'ठीक है, भैया कभी मिल गए तो उनसे कह दूंगी।' यह कहकर अनुराधा चुप हो गई। थोड़ी देर बाद वह फिर बोली, 'एक समस्या उत्पन्न हो गई है। कुमार आज किसी भी स्थिति में यहां से जाने को सहमत नहीं है। आश्चर्य तो इस बात का है कि वह इसका कोई कारण भी नहीं बताता।'

'कारण जब वह जानता ही नहीं तो बताएगा कहां से ? हां, वह इस बात को भली प्रकार जानता है कि वहां जाने पर उसे यहां जैसा सुख-आराम तथा लाड़-प्यार नहीं मिल सकता। इसीलिए वह सहमा हुआ है।'

'वहां उसे सुख-चैन क्यों नहीं मिल सकता ?'

अनुराधा के इस प्रश्न के उत्तर में विजय बोला, 'उस घर का यही प्रचलन है। वहां कोई किसी की चिंता नहीं करता। ठीक है, उस घर में कुमार को इस घर जैसा अपनापन भले ही न मिले, किंतु फिर भी उसे जाना तो होगा ही। आखिर वहीं तो वह इतना बड़ा हुआ है।'

'तो फिर बच्चे को वहां मत ले जाइए, उसे यहीं रहने दीजिए।'

'मुझे तो कोई आपत्ति नहीं, किंतु यह सोच लीजिए कि यहां कितने

दिन रह पाएगा, अधिक से अधिक एक महीना? आखिर तो उसे एक दिन जाना ही होगा।'

दोनों चुप हो गए। कुछ देर बाद अनुराधा बोली, 'सुना है कि बालक की आने वाली विमाता सुशिक्षिता हैं।'

'हां, वह बी.ए. पास हैं।'

'उसकी ताई ने भी बी.ए. पास किया हुआ है?'

'हां, यह सच है, किंतु उन पुस्तकों में देवर को प्यार करना और उसकी खोज-खबर लेना कहीं नहीं लिखा है। ऐसी शिक्षा उन्हें मिली ही नहीं है।'

'रुग्ण सास-ससुर की सेवा का विधान भी क्या उनकी शिक्षा-पद्धति में नहीं है?'

'नहीं, यह तो और भी अधिक जटिल समस्या है। इस संबंध में कुछ जानने की उनकी कोई रुचि नहीं है।'

'किस काम में उनका मन लगता है?'

'अपनी मनमानी करने में ही उनका मन लगता है और इसे ही वह सही समझती हैं।'

थोड़ी देर की चुप्पी के बाद अनुराधा बोली, 'बुरा न मानना, मैं तो कहूंगी कि बच्चे को ममता न देने वाली स्त्री बी.ए. पास हो अथवा एम.ए. पत्नी बनने योग्य कदापि नहीं।'

'किंतु हम जिस समाज में रहते हैं, वहां बी.ए. पास महिला ही सम्मानित समझी जाती है। अत: लाना तो किसी पढ़ी-लिखी को ही होगा, भले ही मन माने अथवा न माने। अच्छे व्यवहार वाली अशिक्षित महिला की हम प्रशंसा तो कर सकते हैं, किंतु उसके साथ विवाह नहीं कर सकते।'

'बच्चे को किसी निर्मम विमाता के हाथों में सौंपना तो उसके प्रति घोर अन्याय और भारी अत्याचार होगा। मैं आपको ऐसा न करने की सलाह दूंगी।'

विजय बोला, 'मैं इस तथ्य से भली प्रकार परिचित हूं कि कुमार को स्नेह न रखने वाली स्त्री के हाथ में सौंपे जाने पर भी बालक उससे संभाला नहीं जाएगा। वह उस मां से दूर भाग जाएगा, किंतु यह

दुर्लभ ई. साहित्य कार्नर

आवश्यक तो नहीं कि मेरी भावी पत्नी निष्करुण ही हो, वह ममतामयी भी हो सकती है। वह अत्यंत उदार, स्नेह और सहानुभूति से छलकती हुई भी हो सकती है। आप हमारे समाज में सभी स्त्रियों को एक लाठी से नहीं हांक सकतीं।'

अनुराधा हंसती हुई बोली, 'कल्पना बड़ी मधुर, प्रिय एवं आकर्षक होती है, किंतु वह यथार्थ का स्थान कदापि नहीं ले सकती। इसके साथ ही मैं इस तथ्य से भी इनकार नहीं करती कि अपवाद सब कहीं मिल जाते हैं यहां तो सामान्य की चर्चा की जा रही है।'

अपने पक्ष का समर्थन करते हुए विजय बोला, 'वस्तुत: आप ठेठ गांव की लड़की हैं, आपने न कभी किसी स्कूल-कॉलेज का रूप-रंग देखा है, न कभी किन्हीं पार्टियों में शामिल हुई हैं, इसलिए शायद आपको हमारे समाज की स्त्रियों के चरित्र और स्वभाव की सही जानकारी नहीं। मेरी नई बहू घर के किसी काम-काज में रुचि न ले, सास-ससुर की सेवा को महत्व न दे, किंतु फिर भी वह हाथ में चाबुक लेकर न तो बालक की पिटाई करेगी और न ही उसे विष पिलाकर उसकी जीवन लीला समाप्त करने की सोचेगी। इस विषय में आप सर्वथा निश्चिंत रहें।'

अनुराधा बोली, 'चलिए, मैं आपकी नई पत्नी के संबंध में कोई टिप्पणी नहीं करती, किंतु फिर भी आपसे एक वचन लेना चाहती हूं कि आपसे जितना बन सकेगा, आप कुमार की देखभाल में कोताही नहीं बरतेंगे। इसे आप मेरी प्रार्थना समझिए।'

'मैं वचन देते हुए इसलिए घबराता हूं, क्योंकि एक तो मैं स्वभाव से बेपरवाह हूं और दूसरे मेरी आदतें अनोखी हैं। हां, फिर भी आपके अनुरोध को गौरव देने का विश्वास दिलाता हूं। जितना बन सकेगा, मैं बालक कुमार का ध्यान रखने का प्रयत्न करूंगा, किंतु कितना रख पाता हूं, यह तो अंतर्यामी जानें। अच्छा, मेरा खाना निबट गया है, अब मैं उठना और जाना चाहूंगा।'

उठकर बाहर जाने से पहले रुककर विजय बोला, 'अभी तो कुमार आपके पास ही रहेगा। यदि आप मेरे आने से पहले यहां से चली जाना

163

चाहेंगी तो विनोद उसे मेरे पास कलकत्ता ले आएगा। यदि आप चाहें तो कुमार के साथ संतोष को भी भेज सकती हैं। दोनों में खूब बनती है, मुझे निश्चिंतता बनी रहेगी। प्रारंभ में मुझसे आपके प्रति कुछ अत्याचार अवश्य हुआ है, किंतु इसे मेरे स्वभाव का अंग समझने की भूल मत कीजिएगा। और हां, यदि आप संतोष को भेज देंगी तो आपको किसी शिकायत का अवसर नहीं मिलेगा, मैं आपको इस बात का विश्वास दिलाता हूं।'

मकान के सामने घोड़ा-गाड़ी तैयार खड़ी थी, सारा सामान लादा जा चुका था और विजय सवार होने ही जा रहा था कि कुमार ने अपने पिता को मौसी द्वारा बुलाए जाने का संदेश दिया।

मुख्य द्वार पर खड़ी अनुराधा बोली, 'क्या मालूम, फिर भेंट होगी या नहीं, आपकी चरण-रज लेने के लिए आपको यहां आने का कष्ट दिया है।' कहते हुए अनुराधा ने गले में आंचल डालकर दूर से ही विजय को प्रणाम किया। इसके बाद कुमार को अपने साथ सटाकर खड़ी वह बोली, 'दादीजी को कुमार के बारे में आश्वस्त कर दीजिएगा। जितने दिन वह मेरे पास रहेगा, उसका पूरा-पूरा ध्यान रखा जाएगा।'

हंसते हुए विजय बोला, 'विश्वास करने का मन तो नहीं करता।'

'किसे विश्वास नहीं होता, क्या आपको भी विश्वास नहीं होता?' कहते हुए अनुराधा हल्के-से मुस्करा दी। इस बीच दोनों की आंखें चार हो गईं। विजय ने देखा कि अनुराधा की आंखें गीली हैं। उसने कहा, 'आप कुमार को अपने साथ ले जाने की गलती बिल्कुल मत कीजिएगा।' फिर अनुराधा धीमे-से बोली, 'आपके घर की स्थिति को देखते हुए कुमार को वहां भेजने का मन भी तो नहीं करता।'

'तो फिर आप अपने मन की कीजिए।'

एक लंबी सांस खींचकर अनुराधा चुप हो गई।

विजय बोला, 'जाने से पहले आपको अपने एक वचन की याद दिलाना आवश्यकता समझता हूं। आप भूली न होंगी कि आपने अपनी आवश्यकता के समय मुझे सेवा का अवसर देने का प्रण किया है। मैं आपके प्रण निभाने के दिन की प्रतीक्षा में हूं।'

'ठीक है, आपको भी मुझे एक वचन देना होगा। आवश्यकता पड़ने

पर आप भी मुझे सेवा का अवसर देने में संकोच नहीं करेंगे।'

'मुझे भला आपसे कुछ कहने की क्या आवश्यकता पड़ सकती है? आपको देने के लिए भले ही मेरे पास कुछ न हो, किंतु फिर भी, तन से तो आपकी सेवा किसी भी समय कर सकता हूं।'

'क्या गांगुली महाशय आपको इसकी छूट देंगे?'

'मुझे कुछ भी करने से कोई नहीं रोक सकता।'

◻◻

कुमार के न आने से उसकी दादी विचलित होकर विजय से बोली, 'तू कैसा बाप है रे, जिसे घर से निकाल रहा है, उसी के पास बेटे को छोड़ आया?'

विजय बोला, 'मां, चिंता की कोई बात नहीं। जिसके साथ लड़ाई-झगड़ा था, वह तो दुम दबाकर पाताल में जा छिपा है। उसका साथ देने की तो किसी में हिम्मत नहीं। कुमार को तो मैं उसकी मौसी के पास छोड़ आया हूं। वहां वह प्रसन्न रहेगा और कुछ दिनों में लौट आएगा।'

'तू कहां से अचानक कुमार की मौसी को ढूंढ़ लाया है?'

विजय बोला, 'मां, संसार में बहुत सारे काम अचानक और अकारण होते हैं। किसका, किससे, कब और कैसे संबंध आ जुड़ता है, इसे पहले से कोई भी नहीं जानता। कुमार की मौसी और कोई नहीं, तुम्हारा माल गोल करने वाले गगन की छोटी बहिन है। मैं तो उसे घर से बेदखल करने की पूरी तैयारी करके निकला था, किंतु तुम्हारे पोते ने सारा खेल बिगाड़ दिया। कुमार ने उस लड़की का इस दृढ़ता से दामन थामा कि उसे निकालने का अर्थ होता कुमार से भी छुट्टी पाना।'

सारी बात जल्दी से समझ गई दादी बोली, 'कुमार उसके प्यार में फंस गया लगता है। उसे बेचारे को कभी किसी का लाड़-प्यार कहां मिला है? उस लड़की ने अपने लाड़-प्यार से उसे अपने बस में कर लिया होगा।' कहकर वृद्धा अपनी अस्वस्थता का स्मरण करके चुप हो गई।

विजय ने कहा, 'मां, मैं प्रायः बाहर ही रहता था, इसलिए अपनी आंखों से देख नहीं सका कि कौन किसे कितना प्यार करता-करती है, किंतु आते समय मैंने यह स्पष्ट देखा कि मेरे यहां के लिए तैयार

दुर्लभ ई. साहित्य कार्नर

होने पर कुमार अपनी मौसी को छोड़कर मेरे साथ आने को कतई सहमत नहीं था।'

मां को यह सब सुनकर तसल्ली नहीं हुई। वह बोली, 'तुझे क्या पता, गांव की लड़कियां कई तरह के जादू-टोने जानती हैं? कुमार को अपने साथ ले आता, तो अच्छा ही होता?'

विजय बोला, 'मां, तुम स्वयं ठेठ देहात की लड़की होकर गांव की लड़की पर अविश्वास कर रही हो। इसका अर्थ तो यह हुआ कि तुम शहर की लड़कियों को अधिक विश्वसनीय मानती हो।'

'शहर की लड़कियों से तो भगवान बचाए। मैं तो उन्हें कोसों दूर से प्रणाम करती हूं।'

विजय को हंसते देखकर वृद्धा बोली, 'तुम्हें हंसी आ रही है, ठीक है। वस्तुतः मैं इसमें तुम्हारा भी कोई दोष नहीं मानती। तुम मेरी पीड़ा को समझ भी कैसे सकते हो? अच्छा बताओ, क्या मेरे जमाने के गांव के लोग अब इतने सीधे रह गए हैं?'

'मां, मैं मानता हूं कि बहुत कुछ बदल गया है, किंतु जब तक तुम जीती हो, तुम्हारे पुण्य प्रताप से तब तक तो बीज का नाश कभी नहीं होगा। उसकी थोड़ी-सी झलक अपनी आंखों से देख भी आया हूं, किंतु तुम्हें वह सब दिखाया नहीं जा सकता। यही दुख मुझे खाए जा रहा है।' यह कहकर विजय ऑफिस के जिस काम को निबटाने के लिए इधर आया था, उसे निबटाने चल दिया।

ऑफिस के काम से निवृत्त होकर विजय सायंकाल भाई-भाभी से भेंट करने गया। वहां उसने देखा कि महाभारत का युद्ध चल रहा है। श्रृंगार का सारा सामान इधर-उधर बिखरा पड़ा है। आरामकुर्सी पर बैठे पतिदेव चिल्लाकर कह रहे हैं, 'ऐसे रिश्ते-नाते में जाना चाहती हो, तो तुम अकेली ही जाओगी, मैं तुम्हारा साथ हरगिज नहीं दे सकता।'

अचानक विजय को आया देखकर प्रभा भाभी रोती हुई देवर को संबोधित करके बोली, 'लालाजी, तुम्हीं बताओ, यदि उन लोगों ने सितांशु के साथ अनीता का संबंध स्थिर कर लिया, तो इसमें मेरा क्या दोष है? ये आज उसकी सगाई में चलने से इनकार कर रहे हैं।'

भैया उत्तेजित होकर उच्च स्वर में बोले, 'यही सब करना था तो हमें इतने दिनों तक झांसे में रखने की क्या आवश्यकता थी ?'

मामले को ठीक से न समझ पाने के कारण विजय के लिए कुछ भी कहना संभव न हुआ। वह बावलों की भांति इधर-उधर देखता रहा। अनुमान लगाने पर वह बोला, 'जो मैं समझता हूं, क्या वही बात है ? क्या मुझे एक ओर धकेलकर अनीता को सितांशु घोष की झोली में डाल दिया गया है ?'

भैया ने दुखी स्वर में कहा, 'हां, यही बात है और तुम्हारी भाभी अपने को अनजान बताती है।'

रोती हुई प्रभा बोली, 'देवरजी, एक तो लड़की सयानी हो गई है, दूसरे उसके संबंध का निर्णय करने वाले उसकी मां और भाई हैं। यदि वे हमें आश्वासन देकर मुकर जाते हैं, तो मैं क्या कर सकती हूं ?'

भैया क्रुद्ध स्वर में बोले, 'वे लोग धूर्त, मक्कार, झूठे, धोखेबाज हैं। इधर हमारे साथ बातचीत करते हैं और उधर चोरी-छिपे दूसरी जगह हाथ मारते हैं। अब क्या लोग हमारा मजाक नहीं उड़ाएंगे ? मैं कौन-सा मुंह लेकर क्लब में जाऊंगा ?'

प्रभा रुंधे स्वर में बोली, 'यह कौन-सी नई बात है। क्या ऐसा प्रायः होता नहीं, जो आप जमीन-आसमान सिर पर उठाए जा रहे हैं ?'

'मेरे लिए चुल्लू-भर पानी में डूबने की बात यह है कि ये पाखंडी मेरी ससुराल के लोग हैं। लोग तुम्हें भी बराबर का दोषी मानेंगे।'

भैया के इस व्यवहार पर विजय को हंसी आ गई। वह भाभी के पैर छूकर बोला, 'भाभी, भैया इस स्थिति पर जितनी हाय-तौबा करें, मेरी प्रसन्नता की कोई तो सीमा नहीं। यदि इसमें तुम्हारी कोई भूमिका है, तो मैं इसके लिए तुम्हारे प्रति अपनी कृतज्ञता प्रकट करता हूं।'

भैया की ओर उन्मुख होकर विजय बोला, 'भैया, क्षमा करना, आप व्यर्थ में ही क्रुद्ध हो रहे हैं। आप जानते हैं कि लड़की-लड़के के मामले में जबान देने और बदलने का कोई महत्व नहीं होता। बात पक्की करने से पहले बदलने की छूट रहती है। सितांशु विलायत से आई.सी.एस. बनकर लौटा है। अनीता उच्च शिक्षित और सुंदर है। सितांशु के सामने

दुर्लभ ई. साहित्य कार्नर

मेरी औकात ही क्या है ? मैं तो एक डिग्री पाने में भी सफल नहीं हुआ। लकड़ी बेचकर गुजर-बसर करता हूं। न मेरे पास कोई डिग्री है, न पद है, न गौरव है, और न ही मेरी प्रतिष्ठा है। उन लोगों ने सही निर्णय लेने में कोई गलती नहीं की।'

भैया उच्च स्वर में बोले, 'मैं कहता हूं, उन्होंने एकदम गलत किया है, हमारा अपमान किया है। क्या तुम्हें अनीता को खोने का दुख नहीं है ?'

विजय बोला, 'आप बड़े हैं, पूज्य हैं। आपसे झूठ बोलकर मैं पाप का भागी नहीं बनूंगा। आपके चरणों की सौगंध, मुझे लेशमात्र भी दुख नहीं है। मैं तो सोचता हूं कि किसी के पुण्य-प्रताप से स्थिति इस प्रकार बदल गई है। मैं तो इसे अपने लिए परम सौभाग्य मानता हूं।'

भाभी की ओर उन्मुख होकर विजय बोला, 'भाभी, तुम जल्दी से तैयार हो जाओ, मैं तुम्हें लेकर चलता हूं। भैया घर में बैठे रहना चाहते हैं, तो खुशी से बैठे रहें। हम दोनों तुम्हारी बहिन की सगाई के समारोह में सम्मिलित होते हैं।'

रोती हुई प्रभा बोली, 'देवरजी, आप तो मेरा मजाक न उड़ाइए।'

विजय बोला, 'भाभी, मैं हृदय से तुम्हारा आभार मान रहा हूं और मुझे समझ नहीं आता कि तुम मुझे गलत क्यों समझ रही हो ? तुमने मेरे सिर से भार उतारकर, मेरे जीवन को सुखी बनाकर जो उपकार किया है, उसे मैं शब्दों में वर्णन नहीं कर सकता। मैं सचमुच तुम्हारा ऋणी हूं। तुम जल्दी से तैयार हो लो और मैं दस मिनट में ऑफिस के कपड़े बदलकर लौटता हूं।' यह कहकर जाते हुए विजय से उसके भाई बोले, 'तुझे वहां किसने निमंत्रित किया है ? क्या किसी अनिमंत्रित व्यक्ति के लिए किसी समारोह में सम्मिलित होना उचित होता है ?'

ठिठककर रुका विजय बोला, 'भाभी, यह बात तो ठीक है। कहीं मेरी उपस्थिति से वे अपने को लज्जित अनुभव न करने लगें। निमंत्रण के बिना भी आज मैं वहां जाने में संकोच नहीं कर रहा। मैं तो दौड़कर अनीता से यह कहना चाहता हूं कि अनीता, मुझे धोखा न देने के लिए तुम्हारा बहुत-बहुत धन्यवाद। मुझे तुमसे न कोई शिकायत है, न गिला,

न ईर्ष्या और न ही तुम पर क्रोध है। मैं भगवान से तुम्हारी सुखी जीवन की प्रार्थना और मंगलकामना करता हूं।'

फिर विजय भाई से बोला, 'भैया, मेरी मानो, गुस्सा थूक दो और भाभी के साथ जाकर अनीता को आशीर्वाद दे आओ।'

हक्का-बक्का बने पति-पत्नी विजय की ओर देखते रहे। दोनों ने विजय के चेहरे को देखा, वह सचमुच व्यंग्य अथवा परिहास नहीं कर रहा था, अपितु काफी प्रसन्न था। ऐसा लगता था, मानो किसी भारी संकट से बच जाने पर वह अपनी प्रसन्नता को संभाल न पा रहा हो। अनीता की बहिन होने के कारण प्रभा ने विजय की इस प्रसन्नता को अपना अपमान तो समझा, किंतु कुछ कहना उचित नहीं समझा। अत: वह चुप रही।

विजय बोला, 'भाभी, सारी बातें कहने-सुनने का समय नहीं है। कभी ऐसा समय आएगा भी या नहीं, यह भी मैं नहीं जानता, किंतु हां, यदि कभी ऐसा अवसर मिला तो मैं दावे के साथ कह सकता हूं कि आप अनीता से विवाह न होने के लिए मुझे सौभाग्यशाली भी कहेंगी और इसके लिए मेरा अभिनंदन भी करेंगी।'

Made in the USA
Middletown, DE
21 October 2020

22480790R10096